KB153320

도서출판 섬영사

서문

이 글을 쓰게 된 동기는 필자가 수많은 사람들을 상담한 결과, 사주팔자나 관상이 아무리 좋아도 못사는 사람도 많았고, 관상·사주팔자가 나빠도 의외로 삶을 넉넉하게 꾸려나가는 사람도 많았다. 그래서 긴 세월 이 사람들을 지켜본 결과, 인간사의 흥망성쇠는 반드시 사주팔자나 관상에 매여 있는 것이 아니고, 본인의 마음먹기·습성·행동의 여하에 의해서 결정이 된다는 것을 알게 되었다. 이는 타고난 생년월일시인 숙명은 어찌할 수 없지만, 앞으로 닥쳐올 운명은 얼마든지 바뀌 새로운 인생을 살 수 있다는 뜻이다.

그리하여 이 책은 모든 사람들이 절박하게 급변하는 지금 이 사회에 지혜롭게 대처해 나가고 인생을 주도 면밀하게 살아갈 수 있게끔 필자의 경험 그대로를 정리하여 논하였다.

독자 여러분이 이 책을 통하여 각자의 삶에 커다란 영향을 미칠 수 있는 소소한 생활의 방식에 주목하고, 이를 긍정적인 방향으로 전환시켜 현재의 상황보다 훨씬 더 풍요로운 삶을 누릴 수 있기를 간절히 기원한다.

마음의 자세

인생은 단지 하나의 시험일 뿐이다. 인간이 살아가면서 직면하는 도전들을 하나의 시험으로 생각한다면 우리는 바로 눈앞에 닥친 문제들을 성장의 기회로 볼 수 있으며, 한결 유연한 자세로써 그 충격을 완화시킬 수 있다.

문제와 책임, 그리고 참아내기 힘든 고난이 제아무리 우리를 공격한다고 해도 그 모든 것들을 그저 시험으로만 볼 수 있다면 그 문제는 우리에게 도전 이상의 의미를 벗어나 새로운 도약의 계기가 될 수 있다.

그렇지 않고 맞닥뜨리는 모든 문제들을 생존을 위해 반드시 이겨내야 하는 중대한 도전으로 받아들인다면 우리의 인생은 거의 험난한 가시밭길로 들어선 셈이다.

가령, 공들였던 사업 계획이 수포로 돌아갔다거나, 예상했던 것보다 금전적 손실을 더 많이 볼 수도 있고, 요구 조건이 까다로운 직장 상사를 만날 수도 있으며, 사랑하는 연인과 본의 아니게 다툼을 벌일 수도 있다. 그러면 직면하고 있는 이 상황들을 해결하기 어려운 문제나 일이 아니고 한낱 시험으로 규정할 수 있을지 헤아려 보라.

그 문제들을 끌어안고 발버둥칠 것이 아니라, 거기에서 새로이 배울 점은 없는지 생각하고 스스로에게 질문을 던져 보라. '왜 내 인생에서 이런 일이 생겼을까? 그 까닭은 무엇이며, 그것을 극복하려면 어떤 식의 대응이 필요할까? 이 문제를 다른 방식으로 해석할 수는 없을까? 이것을 일종의 시험으로 받아들일 수는 없을까?' 이러한 전략을 시도한다면 스스로가 모든 문제들에 대해 지금과는 다르게 반응하는 자신에게 놀랄 것이다.

만약 행복해지기를 원한다면 내 삶을 완벽하게 꾸밀 필요가 없는 것이며, 꼭 해야 된다고 느껴지는 일을 제때 처리하지 않아도 크게 조바심을 갖지 않을 만큼 마음을 너그럽게 다스려야 한다. 이 단순한 전략은 많은 문제를 해결하는 데 도움이 되고, 우리의 인생에서 심적인 부담과 수고를 크게 덜어 준다.

습성

습성은 습관이 고착화된 성품이다. 생각은 행동을 낳고, 행동은 습관을 이루며, 습관은 성품을 만들고, 성품은 우리의 운명을 가름한다. 이처럼 습관이란 우리의 인생에서 중요한 요소 중 하나이다. 습관은 무의식적인 유형으로 일관성 있게 우리의 성품을 표현하고 개개인의 성공과 패배를 결정짓는 데 중대한 역할을 한다.

호레이스 만은 이렇게 말했다. "습관은 동아줄과 같다." 인간은 습관이란 동아줄을 매일 엮어내고 있다. 그리고 이렇게 엮어진 습관은 절대로 깨뜨리지 못한다고 논했다.

그러나 필자의 소견으로는, 습관의 형성은 응급조치식으로 짧은 시간에 이루어지는 것이 아니고, 본인의 무한한 결의와 몰입을 요구하지만 얼마든지 학습될 수 있고, 또 그 학습을 통해 나쁜 습관을 떨쳐 버릴 수 있다고 단언한다.

성급함·게으름, 상대에 대한 혹평이나 비난, 그리고 이기심 등과 같은 몸 깊숙이 배어든 습관적인 성향을 타파하기 위해서는 상당한 의지력과 생활상의 큰 변화가 요구된다. 변화란, 더 훌륭한 목적과 미래를 위해서 현재 생각하고 원하는 것들을 포기할 수 있어야만 비로소 가능하다.

그리고 이러한 과정은 우리에게 자립을 위한 목적과 설계되어진 행복을 가져다준다. 이 행복을 작은 범위로나마 정의한다면, '궁극적으로 바라는 것을 위해 현재 우리가 하고자 하는 것들을 희생할 수 있는 욕망과 노력의 열매'라고 할 수 있다.

습관이란 인생의 기초이다. 나아가 그 기초의 수준이 앞으로의 인생에서 얼마만큼 발전할 수 있는가를 결정한다. 또한 과연 어떤 습관을 몸에 익힐 것인가에 따라서 우리의 발전 가능성과 미래의 성패는 정해진다.

자신의 꿈을 이루고 싶은가. 성공한 사람이 되고 싶은가. 큰 성취감을 얻고 싶은가. 그렇다면 지금부터 좋은 습관을 기르도록 노력하라.

행동

어떤 일을 솔선해서 적극적으로 하는 사람과 그렇지 못한 사람과의 차이는 문자 그대로 하늘과 땅만큼이나 크다. 성공적인 삶을 위하여 발전과 생산 능력 사이에 균형을 유지하려면, 반드시 자기 자신이 주체가 되어서 현실에 맞닥뜨린 문제점들의 해결을 위해 모든 상상력과 독립적인 의지를 활용하여 일에 착수해야 한다. 곧 결심을 하고 목표를 설정하여 이를 성실히 이행하는 것이다. 그럼으로써 우리는 자신의 인생에서 긍정적인 요인들이 만들어지도록 좋은 성품을 형성하게 되고, 또 실제로 그렇게 행동하는 존재가 될 수 있다.

우리가 자신의 생활을 직접적으로 통제하는 데는 두 가지 방법이 있다.

첫째는 자신과의 약속을 하고 그것을 지키는 것

둘째는 목표를 설정하고 이를 달성하는 것이다.

아주 사소한 약속이라도 이를 실천한다면 자기 통제의 장점을 깨닫게 하는 내적인 성실함을 갖추기 시작할 뿐 아니라, 나아가 자신의 인생에 대해 더 큰 책임을 지는 능력과 용기를 갖게 된다.

이처럼 자신에 대한 약속을 하고, 또 그것을 실행하는 능력은 기본적인 효과성의 습관을 개발하기 위한 본질이다. 욕망·재능·소질이 모두 우리의 통제 안에 있다. 우리가 어느 한 가지를 개선하면 다른 면들도 잇달아 개선된다. 또 이를 통해 우리는 강직한 성품을 지니게 되고, 자신의 인생에서 효과성을 증대시켜 가며 살아간다.

사람들은 왜 행동력이나 실천력을 발휘하는 데 어려움을 느끼는 것일까. 그것은 사람들이 행동이나 실천을 통하여 성공한 경험이 적기 때문이다. 그러나 누구든 뚜렷한 목적 의식을 가지고 절실하게 필요성을 자각하고 있다면 아무리 괴롭고 힘든 일이라도 해낼 수 있다. 그만큼 애절하고 강렬하게 갈구하라. 반드시 목적은 이루어진다.

직업 선택

이외에 성공의 요인이 있다면 그것은 자신의 소질과 적성에 맞는 직업을 선택하는 것이다. 오늘날과 같이 직업도 다양하고 전직이 많은 시대에 자신과 맞는 직업을 선택하기란 어려운 일이다. 그러나 자신의 운명에 부합되는 오행에 의해서 직업을 선택하는 것은 가능하다. 이것은 타고난 음양오행의 대소 경중을 활용하여 각 개인이 지니고 있는 고유의 기운을 표출할 수 있기 때문이다.

명문대 인기학과를 졸업하고도 자신의 적성에 맞지 않아서, 또는 취업을 하지 못해 전공을 바꾸어 다시 공부하는 경우도 있고, 자신의 전공을 살리지 못하고 다른 직종에 종사하는 사람들도 많다.

처음부터 나아갈 길을 바로 깨달아 자신의 소질과 적성에 맞는 직업을 선택했다면, 시간이나 경제적인 문제 등 여러 면에서 피해를 보지 않았을 것이다. 그러나 단순하여 직업도 그리 많지 않던 과거와 달리 오늘날은 꼽을 수 있는 직업만도 약 일만 삼천여 가지가 되는 등 세상이 복잡 다단하게 돌아가므로 일을 선택하는 데 더욱 신중하여 자신에게 합당한 직업을 정해야 할 것이다.

끝으로 독자 여러분에게 부탁드리고 싶은 것은 이 책에서 무엇을 얻으려고 하는지 스스로에게 질문을 던지면서 읽기 바란다. 이는 사람에 따라서 문제가 다르고, 같은 문제라도 처한 상황에 의해 해결책이 달라질 수 있기 때문이다. 이처럼 능동적인 태도로 책을 읽다 보면 기억에도 오래 남고 활용 가능성도 높아지므로 진정 자기의 것이 될 수 있다.

곽동훈 적음

차례

2장 _ 습성(習性) ················ 107

1장
마음의 자세

가슴 속에 실현시키고 싶은 이상을 품고 있지 않으면 성공은 절대로 다가오지 않는다. 마음으로 행복을 꿈꾸지 않으면 좋은 일은 어떠한 경우에도 일어나지 않는다. 자기의 평범한 생각과 태도가 자신을 보통 사람으로 만드는 것이다. 자신의 타고난 복덕을 제대로 누리지 못하는 원인은 바로 잘못된 자신의 생각이다.

"내 팔자가 그렇지 뭐."

"여기까지가 내 한계야."

"사람 구실하기는 틀렸어."

"나 같은 것이 어떻게 그런 엄청난 일을 할 수가 있겠어."

이러한 말들은 자신의 생각을 바꾸기 전까지는 슬프지만 맞는 말이다.

자신 속에 내재되어 있는 잠재력을 최대한 끌어내려면 가장 먼저 꿈과 희망을 가져야 하는 이유가 바로 여기에 있다. 지금 당장 최선의 삶을 살려면 먼저 믿음의 눈으로 자신의 삶을 바라보라. 곧 높은 단계로 도약하는 자신의 모습을 생각해 보라. 자신감이 회복되고 풍요로워지는 자신의 모습을 마음 속으로 그리며 상상해 보라. 이와 같이 실현하고 싶은 이상을 마음에 품고 나는 할 수 있다는 자신을 굳게 믿음으로써 성공은 현실로 나타난다.

인생에 기적을 일으키는 원동력은 자신에 대한 믿음이다

우리의 생각과 기대는 우리의 삶에 막대한 영향력을 발휘한다. 우리는 반드시 노력한 그대로 이루어지는 것은 아니지만, 우리가 기대한 것 이상으로 성공하는 것은 거의 불가능하다. 그런데 불행하게도 이 원칙은 긍정적인 측면보다는 부정적인 측면에서 더 많은 작용을 한다.

인생의 부정적인 측면만을 보는 것은 실패를 선택하는 것이며, 적과 공모하여 성문을 열어주고 파괴적인 언행과 행동, 그리고 태도를 삶의 주인으로 끌어들이는 것이다. 반대로 긍정적인 시각으로 받아들여 가능성에 초점을 맞춘다면 우리의 믿음과 기대는 매우 감동스러운 일을 창출한다.

누구나 밝은 미래를 미루어 헤아릴 수 있다

건전한 자아상自我相만 있다면 지금보다 멋진 미래를 설계하며, 인생의 모든 영역에서 점진적으로 발전하는 자신의 모습을 상상할 수 있다. 인생의 항로가 모진 풍랑을 만나서 위험에 처할지라도 머지않아 풍랑이 걷히고 밝은 해가 솟아오를 것을 기대하라. 사업이 주춤해도 파산을 생각하며 실패를 준비하지 말고 성공을 기원하면서 번영을 기대하라. 쉽게 포기하는 사람은 자신을 버리는 어리석음을 범하고 있는 것이다.

우리가 허물어지는 근본 원인은 자신의 잘못된 생각이므로 발상의 전환이 필요하다. 이제부터는 실패를 기대하지 말고 성공을 믿고 기원하라.

시련의 순간이야말로 자아상이 진가를 발휘할 때이다. 불행하고 허약하고 초라한 모습으로 자신을 생각하는 사람은 자신도 모르게 그런 인생을 만들어 나간다. 밝은 미래로 나아가려면 먼저 시각을 바꾸어라. 의심이 아니고 믿음을 가슴에 품어라.

누군가 우리를 위해 기도해 주고, 잘 되리라 빌어주고 말씀을 읽어줄 수는 있지만, 우리 대신 믿음을 발휘해 줄 수는 없다. 만족과 기쁨을 주고 기운을 북돋우어주고 괴로움과 아픔에서 구해 주기만을 바란다면 우리는 무력감과 절망에서 영원히 벗어날 수 없다.

따라서 스스로 믿음의 인간이 되겠다는 결단이 필요하다. 제 힘으로 인생의 주인이 될 것을 딱 잘라 결정하라.

"어떤 시련이 닥쳐와도 나는 스스로를 신뢰할 거야."

"내 인생을 긍정적으로 바라볼 거야."

다른 사람의 진실한 믿음이 우리의 믿음을 키우기 위한 자극제는 될 수 있다. 그러나 우리의 인생에서 기적을 일으키는 원동력은 남의 믿음이 아닌 바로 자신의 믿음이다.

나는 믿는 그대로 될 것이다

이 얼마나 힘이 있는 말인가. 우리는 무엇을 믿고 있는가. 인생의 장애물을 뛰어넘어 건강과 풍요로움과 승리를 쟁취하리라 믿는가. 그렇다면 믿는 그대로 될 것이다. 요컨대 오늘날의 내 삶은 과거 나의 믿음이 반영된 결과이다. 그러므로 어떤 믿음을 가질지 신중하게 판단하라. 끊임없이 자신의 허술한 구석을 살피면서 스스로 축복받을 자격이 없는 하찮은 존재라고 자책한다면 아무리 애를 써도 암담하고 침울한 미래만 펼쳐질 뿐이다.

우리는 무엇보다도 큰 존재이며 성공할 가능성이 무궁한 사람이다. '나는 꼬리가 아니고 머리이며, 패배자가 아니고 승리자이다.' 이런 기본적인 자세를 받아들이기만 한다면 잠재력을 극한까지 발휘할 수 있다. 결국 모든 것은 자신에게 달려 있는 것이다.

자신의 성품과 적성에 맞는 자아상自我相을 확립하라

'최선의 삶을 살기 위해서는 건강하고 긍정적인 자아상을 확립하자.'

인간이 정해 놓은 변덕스럽고 거짓된 기준이 아니고 자신의 성품이나 적성에 맞는 자아상을 개발하는 것이다. 자신을 어떻게 보고 어떻게 느끼는가에 따라서 성공의 여부와 크기가 판가름이 난다.

자기 존중은 마음 깊은 곳에서 자기 자신에게 느끼는 감정이다. 다시 말하면 자신이 어떤 사람인지, 자신이 얼마나 중요하고 가치가 있는지에 대한 자신의 의견 판단이다.

"나는 나 자신이 좋아." 혹은 "나는 내가 싫어"와 같은 문구가 자기 존중과 관련이 있다. 그런데 흥미로운 사실은 자아상이 자신의 진정한 모습보다는 자신에 대한 시각을 반영한다는 점이다. 당신은 스스로 누구라고 생각하는가. 두말할 필요도 없이 건강하고 긍정적인 자아상은 개인의 성공과 행복을 결정짓는 핵심 요소 중의 하나이다. 자기 개념이 그토록 중요한 이유는 우리가 스스로 생각하는 대로 말하고 행동하고 반응하는 데 있기 때문이다.

"나는 자격이 없어."

"나는 약하고 부족한 사람이야."

"나는 성공할 수 없어."

자아상이 약한 사람의 대화 속에는 늘 이런 말귀가 따라붙는다. 반면, 긍정적으로 자신을 바라보는 사람은 자신이 독특하고 소중한 존재로서 창조되었고, 영화로운 왕관을 쓰고 있음을 분명히 알기 때문에 언제나 만족한 삶을 살아간다.

누구나 자아상을 바꿀 수 있다. 그 방법은 자신의 의견에 동의하는 것이다. 나는 강하고 용기 있는 사람이며, 큰 영광과 은혜로운 축복이 곁들인 사람이라는 사실을 명심하라.

- "선생님, 연기를 너무 못 해서 발 연기를 한다고 혹평이 자자한데 제가 과연 연기자로 성공할 수 있을까요?"

  삼십대 중반 남성의 말이다.

- "캐나다에서 수학·금융 분야를 전공하고 직장 생활을 하고 있는데 저하고 잘 맞지 않는 것 같습니다. 미국 보스턴으로 건너가서 경영학 쪽으로 공부를 더 하고 싶은데 괜찮겠지요?"

  삼십대 초반 여성의 질문이다.

- "취직 시험에서 연거푸 낙방을 했습니다. 학자금 대출을 받은 것도 있고 부모님 뵙기에도 죄송해서 난감합니다. 이번 취직 시험에는 합격이 되겠는지요?"

  이십대 후반 청년의 하소연이다.

- "선생님, 제 팔자는 왜 이럴까요?"

세 번째 이혼을 진행하고 있는 삼십대 후반 여성의 푸념이다.

- "제가 위암 수술을 받았는데 그게 다시 재발해서 폐까지 전이가 되었다고 합니다. 선생님, 저 살 수 있을까요? 자식들 때문에 10년은 더 살아야 하는데요."

사십대 후반 가정주부의 절규이다.

- "연예기획사를 운영하다 실패하고 다시 재기하려고 준비 중인데 이번에는 성공할 수 있을까요? 제가 집안의 재산을 많이 탕진해 버려서 이번에 성공하지 못하면 저는 죽어야 합니다."

사십대 후반 남성의 호소이다.

삶은 가끔 우리가 원치 않는 질병과 실패·침체기를 가져다 준다. 대개는 그것이 고통스럽고 공평하지 않다고 불만스럽게 생각한다. 그러나 우리는 삶의 모든 것을 끌어들이고, 만들어 내고, 발전시킬 수 있는 존재이다. 현재 눈에 보이는 모습과 상태는 전부를 말해 주지 못한다. 우리의 진정한 가치를 나타내는 것은 바로 자신의 생각과 내면 세계의 성숙이다. 이런 잠재된 힘을 잘 활용하면 삶의 모든 부분을 변화시킬 수 있다.

이제 스스로 부족하다고 생각하지 말고 '나는 할 수 있다'는 마음을 품으라. 그런 믿음으로 자신을 바라보고 그 믿음을 끊임없이 성장시키라. 소망에 따라 행동하는 사람만이 그 잠재력을 분출할 수 있다.

우리의 인생은 기대치에 부응한다

긍정적인 생각을 품고 있는 인생은 긍정적인 방향으로 흘러가고, 부정적인 생각에 사로잡혀 있는 인생은 뒤틀리게 마련이다. 성공에 대한 기대감이 없다면 우리의 잠재의식은 무엇을 이루어 보려고 계획하거나 수준 이상의 어떠한 시도도 못 하게 만든다. 따라서 꿈을 실현하려면 기대치를 높여라. 삶의 변화는 바로 생각의 변화에서 출발하기 때문이다.

'목적을 달성하기 위해서는 마음가짐이 중요하다.'

물론 마음가짐은 저절로 생기지 않는다. 매일같이 성공을 기대하는 태도로써 행동하는 마음의 자세가 필요하다. 아침에 눈을 뜨면 가장 먼저 우리의 마음을 성공의 기대감에 맞춰야 할 것이며, 그것은 희망찬 말로 하루를 시작하는 것이다.

"오늘은 멋진 날이 될 거야."

"오늘 하루가 정말 기대가 되는군."

이와 같은 믿음과 기대로써 하루를 시작하고, 밖에서도 좋은 일을 기대하는 생각을 가지라. 상황이 내게 유리한 방향으로 바뀌기를 기대하고, 시간과 장소가 내 편이 되기를 기대할 때에 실제로 그런 일은 일어난다.

마음의 한 구석에서 의심의 생각이 솟구치더라도 절대 동요하지 말라.

"사실 가망이 없잖아."

"오늘 제대로 하지 못할 테니 기대하지 않는 게 좋겠지. 그래야 실망하지 않을 테니까."

따위의 마음의 거짓소리에 귀 기울이지 말고 커다란 소망을 품어라. 소망이 없는 성공이란 존재하지 않는다. 아침에 일어나서 소망을 마음에 간직하고 희망찬 하루를 시작하면 기대는 기회의 문을 열어젖히고 사회적인 성공을 가져다 줄 것이며, 인생의 역경을 뛰어넘게 하는 원동력이 된다.

신뢰하는 마음으로 자신을 바라보라

'신뢰하는 마음으로 행복스럽고 건강하며 온전한 자신의 모습을 바라보라.'

미래가 암울해 보여도, 절망하고 싶은 유혹이 들어도, 믿는 마음으로 자신을 바라보면서 힘을 얻으라. 불가능하게 보이는 도전이 눈앞에 있어도 지금 이 순간부터 상황이 바뀌리라 믿으면서 아름다운 행복의 열매를 끝까지 생각하라.

꿈과 희망이 없이 절망스러운 넋두리만 늘어놓는 사람들이 얼마나 많은가.

"나한테 무슨 좋은 일이 일어나겠어."

"차라리 신용 불량자가 되는 게 낫겠지. 다른 길이 없잖아."

"나는 행복이란 단어와는 거리가 멀어."

"난 인생의 절망 속에 살고 있어."

등의 말은 무슨 일이 있어도 입에 담지 말라. 그것은 마음이 소망하는 대로 행동은 현실적으로 나타나기 때문이다. 항상 승리와 풍요로움, 축복과 희망을 생각하고 긍정적이며 순수하고 멋진 생각을 품어라.

우리는 어떠한가. 마음으로 어떤 미래를 보고 있는가. 지금보다 강하고 행복하고 건강한 자신의 모습을 바라보고 있는가. 하늘의 축복으로 가득한 미래를 보고 있는가. 마음으로 느낀 축복은 반드시 우리를 찾아오게 되어 있다.

하루는 삼십대 중반의 남자가 왔는데 얼굴에 오성(이마·턱·코·좌우 관골)의 균형이 잘 잡혀 있었고 풍만했다. 따라서 이 상은 부귀를 얻어 영화로움이 있을 것이나, 길문에 어지러운 흠이 있어 처연은 약할 것이다.

명을 풀이해 보니, 아버지와 인연이 없고 말로써 풀어먹는 명이며, 운세도 좋으므로 직업은 언론계나 변호사 쪽이고, 현재는 결혼 문제 이외에는 큰일은 없을 괘이다.

"이 사주는 말로써 풀어먹는 명이고 운세가 좋으니 어려움 없이 탄탄대로를 걷겠지만, 처연이 어지러워 결혼만큼은 신중을 기해야 합니다."

"예, 저는 현재 방송국에서 근무하고 있으며, 데이트도 해 봤고 애인도 있었지만 선생님 말씀대로 끝이 별로 좋지 않았습니다. 그래서 어머님 권유도 있고 해서 오늘 궁합을 보러 왔습니다."

하고 처녀 사주 세 명 것을 내놓았다. '아! 역시 생긴 대로 영리하고 지혜로운 사람이구나' 생각하고 한 명씩 풀어보니, 첫 번째는 직업은 전문직이고 능력도 있지마는 남편을 극하는 명이며, 두 번째는 재벌가 출신이고 미인이지만 제 잘난 맛에 사는 사람이라 시집 식구와의 융화가 안 되고, 세 번째는 직업이 교육자인데 융통성이 있고 차분해서 어려울 때에 뜻밖의 힘을 발휘하는 심지가 굳은 여성이며, 궁합도 좋고 또한 전생도 인연이 있었다.

"세 번째 처녀의 직업이 무엇입니까?"

"예, 교사라고 하던데요."

"그래요? 궁합은 이분이 제일 좋습니다. 천생연분이라고 해도 과언이 아니에요. 이분과 사귀어 보시지요."

하며 괘를 뽑아 자세히 훑어봐도 마찬가지이다.

"예쁘고, 직업 좋고, 돈 있으면 뭐합니까? 상대방과 맞지 않으면 다 소용 없는 것이지요, 그리고 세 번째 처녀는 시부모님한테도 효도할 것입니다. 어머님이 어렵게 고생해서 키우신 것 같은데, 효자 며느리를 보여드려야 할 것 아닙니까?"

"예, 아버님께서 일찍 돌아가셔서 저희 자식들 키우시느라 어머님이 아주 말할 수 없이 고생을 많이 하셨습니다."

"또한 두 분은 전생에도 좋은 인연이 있었으니, 처음 봐도 낯이 익고 볼수록 예뻐 보이며 마음이 편안할 것입니다. 더구나 속궁합도 좋으니까 자식도 훌륭하게 둘 것이니 아무 말씀 마시고 만나 보세요."

"예, 잘 알겠습니다."

그런 뒤, 그 젊은이가 다시 찾아왔다.

"안녕하세요? 선생님 말씀대로 볼수록 예쁘고 귀엽고, 성격도 좋습니다. 그리고 어머님이 무척 좋아합니다. 결혼식 날짜를 선생님한테 잡으려고 했는데, 원래 여자 쪽에서 잡는 것이라고 하여 그렇게 하라고 했습니다. 정말 감사합니다."

"예, 잘 되었군요. 두 분의 생기방이 서쪽이니 침대 머리를 서쪽으로 놓고 주무시고, 아들딸 잘 낳아 훌륭하게 키우십시오."

인생의 문제는 다양한 형태와 크기로 다가오고 심각성의 정도도 다르다. 그러나 모든 문제는 한 가지 공통점을 지니고 있다. 그 일이 일어나지 않았으면 하는 우리의 바람이 그것이다. 그 문제가 사라졌으면 하는 바람이 크면 클수록 문제는 더욱 악화되고, 그로 인한 스트레스 또한 더 강해진다. 모순되면서도 다행한 점은 그 반대 역시 진실이라는 것이다. 피할 수 없는 인생의 한 부분으로 문제를 받아들이고 가능성으로 바라볼 때 어깨를 짓누르던 무거운 짐을 벗어 던진 듯한 기분이 들 것이다.

오랫동안 우리가 해결하려고 발버둥쳤던 어떤 문제를 생각해 보라. 그 문제를 놓고 고민하고 되짚어 생각하고 분석을 거듭해 보았겠지만 딱히 해결책은 찾지 못했을 것이다. 이 모든 몸부림이 우리에게 어떠한 영향을 미쳤나. 아마도 더 많은 혼란과 스트레스만 가중되었을 것이다.

이제 똑같은 문제를 새로운 방법으로 생각해 보자. 그 문제를 밀어내거나 저항하려 들지 말고 껴안으려고 노력해 보라. 그 문제를 가슴 가까이 끌어당기는 것이다. 그리고 이 문제가 어떤 소중한 교훈을 가르쳐 줄 수 있는지 자신에게 물어보라. 혹시 그 문제가 더욱 신중하라거나 느긋하라고 가르치지는 않는지. 탐욕과 시기·무관심, 혹은 용서와 어떤 식으로든 관계가 있는 것은 아닌지, 아니면 그런 것들 못지않게 강력한 다른 무엇과 관계가 있는 것은 아닌지. 해결할 문제가 무엇이든 그 문제로부터 배우겠다는 순수한 희망을 가지고 부드럽게 접근해 보라. 문제들을 이런 시선으로 바라본다면 그 문제들은 주먹을 꽉 쥐었다가 푸는 것처럼 느슨해질 것이다.

용솟음치는 열정의 세기에 따라서 일의 크기도 달라진다

뚜렷한 꿈을 마음에 새기고 끊임없이 정진하라. 적극적이고 현실적인 노력도 없이 그저 빈둥거리면서 아름다운 꿈만 꾸고 있다면 그 꿈은 영원히 실현할 수 없는 한낱 망상에 지나지 않는다. 꿈에 대한 구체적인 이미지를 마음 속에 각인시키고 온갖 정열을 쏟아부어 꿈을 향해 나아갈 때 우리의 소망은 이루어진다.

시골에서 흔히 볼 수 있는 작은 우물에서 태어난 개구리는 되는대로 우물에서 살면서 마음껏 헤엄치며 놀았다. 더 이상 말할 것도 없이 만족스러운 삶이었다.

"이보다 더 좋은 삶은 없을 거야. 내게 부족한 것은 아무것도 없어."

그러던 어느 날이었다. 문득 고개를 들어보니 우물의 위쪽에서 한 줄기 빛이 흘러들어왔다. 개구리는 호기심이 발동하여 '저 위쪽에는 뭐가 있을까?' 개구리는 우물 벽을 타고 천천히 기어올랐다. 그리고 꼭대기에 이르러 조심스레 주위를 둘러보았다.

"아니, 이럴 수가!"

제일 먼저 눈에 들어온 것은 시냇물이 졸졸 흐르는 화사한 연못이었다. 연못은 자신이 살던 우물보다 수십 배나 크고 트여 있어 시원스럽지 않은가! 과감히 앞으로 더 나아갔더니 이번에는 커다란 호수가 보였다. 개구리는 놀라움에 입을 떡 벌리고 호수를 바라보았다. 세상에 사방이 온통 물 천지였다. 개구리는 엄청난 충격을 받았다. 자기가 얼마나 비좁은 생각 속에서 살아왔는지 한심하기까지 했다. 자기가 누렸던 모든 즐거움은 양동이 속의 물 한 방울에 지나지 않았다.

인간들의 삶의 터전인 세상은 생각보다 훨씬 크고 광대하다. 그런데도 우리는 작은 개구리처럼 살 때가 많다. 자신만의 작은 우물에 갇혀 하찮은 것에 만족하며 소일하는 사람이 얼마나 많은가. 우리는 낮은 수준의 삶과 비좁은 사고 방식의 틀에서 좀처럼 벗어나지 못한다.

지금보다 한 발짝만 더 나아가라. 조금만 더 큰 꿈을 꾸라. 우물 밖의 세상을 내다보라. 멋진 열매를 기대하면서 자신 있게 발걸음을 내딛을 때 기회의 문은 활짝 열린다.

우리에게 가장 무서운 적은 우리의 생각이다

'우리에게 가장 무서운 적은 우리의 부정적 생각이다.'

각 개인의 의식은 자기의 생각을 통제하고 실정에 맞게 정리함으로써 인생 전체를 이끌어 나간다. 실제로도 생각에 따라서 행동·태도·인생관이 결정된다. 이는 운명이 자기의 생각에 매여 있다고 진언해도 과언이 아니다. 그래서 우리는 항상 자신의 마음을 경계해야 한다. 우리는 눈과 귀로 보고 듣는 것 외에도 무엇을 생각할지에 대해서 매우 신중해야 한다.

우리의 생각이 오랫동안 특정한 형태를 이루는 것도, 마음에 골을 깊이 파서 한 방향으로 생각을 흐르게 한 것과 같다. 비관적인 생각을 할 때마다 부정적인 방향으로 향하는 마음의 골은 더 깊이 팬다. 그 다음은 모든 생각이 부정적인 방향으로만 흐르게 되어 조만간 우리의 의식은 부정적인 사고의 형태로 고정이 되는 것이다.

그러나 다행히도 우리는 마음먹기에 따라서 긍정적인 방향으로 사고私考를 정할 수 있다. 그 방법은 하루에 한 가지씩 좋은 생각을 마음에 새기는 것이다. 우리가 상황의 유익한 면을 볼 때마다 부정의 내용은 조금씩 변화한다. 처음에는 부정적인 시각에서 극히 일부가 긍정적인 생각으로 바뀔 뿐이다. 그러나 부정적인 시각을 거부하고 꾸준히 긍정적인 생각으로 바꿔나가면 마침내 큰 변화는 일어난다. 생각을 다스리면서 소망을 기대하고 두려움 대신 믿음을 선택할 때마다 부정의 시각은 서서히 날아가 버리고, 오직 믿음과 승리로 가득한 긍정의 영역만 남게 된다.

물론 살다보면 다시 부정적인 시각으로 회귀하고 싶은 유혹이 들 때가 있다.

"너는 성공할 수 없어."

"네 집안을 봐. 누구 하나 쓸 만한 사람이 있나."

"너도 역시 무능하잖아."

"문제가 너무 커서 절대로 극복할 수 없어."

예전 같으면 여지없이 부정의 시각으로 돌아갔을 것이다. 그러나 부정적인 생각을 떨쳐 버리고 새로운 긍정의 힘이 거세게 흐르고 있는 지금은 곧바로 정신을 가다듬을 수 있다.

"아니야, 나는 뭐든지 할 수 있어. 이 고통에서 반드시 벗어날 거야."

우리의 생각이 새로운 시각으로 향할 때마다 긍정적인 마음의 골은 깊어지고 사유思惟의 힘도 강해진다.

사물을 올바르게 관찰하고 파악하는 힘을 길러라

'자신의 행동에 책임을 지라.'

우리가 사회에서의 적응 실패, 또는 묵은 원한 관계를 해소하기 위해 사회·환경·제도 등을 탓하고 비난의 화살을 돌리는 한 우리는 결코 진정한 자유와 정신적 건강을 얻을 수 없다. 운명의 큰 줄기를 통제하는 주체는 자신임을 명심하라. 때로 우리는 이렇게 부르짖는다.

"내가 이런 꼴이 된 것은 모든 것이 사회 체제 때문이야. 얼마나 험한 세월을 겪었는지 몰라."

아니다. 우리를 두드려 깨뜨린 것은 체제가 아니고 바로 체제에 대한 우리의 시각이 우리를 파멸시킨 것이다. 그러므로 올바르게 사물을 관찰하고 파악하는 시각을 선택할 줄 안다면 인생의 가장 큰 시련 앞에서도 오히려 즐거운 마음과 평안함과 승리감이 넘쳐흐른다.

'우리의 마음은 지금 어디에 있는가.'

문제만 바라보며 항상 부정적인 측면에 골몰하고 있는가. 자신이 무엇을 생각하고 인생을 어떻게 인지하고 있는가에 따라서 자신이 바뀌고 나아가 세상이 바뀐다.

'물론 현재 사실로서 존재하고 있는 문제를 무시해서는 안 된다.'

어려움이 있음에도 아무 일이 없는 것처럼 스스로 속이고 사는 것은 옳지 않다. 이 시기에 가식은 해답이 아니다. 힘들거나 복잡한 문제로 괴로울 때는 그것을 흔쾌히 인정하고 심신을 편안하게 잠시 머무르는 것이 영성 회복을 위한 최선의 방법이다.

환난은 의지와 상관없이 닥쳐오지만 대처하는 자세만큼은 우리 스스로 선택할 수 있다. 우리는 어떠한 경우에도 자기의 능력과 가치를 확신하고 바른 태도를 선택한다면 철광석이 자석에 끌리듯이 하늘의 축복은 우리에게 끌리어 온다.

작년 여름 무더위가 기승을 부릴 때 오십대 중반의 신사가 찾아왔는데 위엄도 있고 점잖아 보이는 사람이었다.

기문둔갑으로 괘를 내어 살펴보니 직업은 전문 경영인 쪽이지만 현재는 쉬고 있는 상태이며, 올해의 운세는 7월에 관재구설, 9~10월에 사업 이동 변동수라, "일단, 이 달에 사업적으로 관계가 있는 사람이 사장님을 고소할 일이 있으니 조심하십시오" 하니 얼굴색이

변하면서,

"실은 그 일 때문에 찾아왔습니다. 전에 관리했던 회사의 협력업체 주식을 3년 전에 싼 값에 취득했다 하여 그 회사를 그만둔 지 3년 뒤인 이제 와서 제가 무슨 검은 거래로 그 협력업체의 주식을 취득한 것으로 믿고 있습니다. 그래서 지금 협력업체의 관리인측이 저를 배임 혐의로 검찰에 고발을 하여 출두 통지서가 왔습니다. 선생님 정말 불안합니다. 이 일을 어찌하면 좋을까요?"

하며 불안한 기색을 감추지 못하는데, 필자는 정신을 한 곳으로 집중하고 명을 보니 관재구설은 구설인데 다행히 시끄러움만 내고 끝날 운이라,

"사장님 걱정 마십시오. 비록 이 일로 심신은 피로하겠지만 구속이나 재판까지는 가지 않고 잘 풀려 나가겠습니다. 또한 사장님은 큰 욕심이 없는 분이고, 그 주식을 비리로 취득한 것이 아니기 때문에 무사히 넘어갈 것입니다. 걱정 마십시오."

하고 설명을 해 주자,

"정말 고맙습니다, 선생님."

하고 기뻐하는 것이었다.

"그런데 사장님 운에 9월경쯤 직업이 들어오는데 혹 별일은 없습니까?"

하고 묻자,

"예, 얼마 전에 법정 관리가 진행 중인 동銅 전선을 만드는 회사에 관리 사장으로 가려고 곧 청주 지방법원 관계자를 만날 일이 있는데, 그 일이 잘 되겠습니까?"

하고 깜짝 놀라며 반기는 것이다. 그래서 필자는 웃으면서,

"걱정 마시고 마음 편히 추진하시면 사장님 뜻대로 잘 풀릴 것입니다."

3개월 뒤, 그 신사로부터 모든 일이 잘 추진됐다는 반가운 소식을 전해 들었다.

지금 당신의 믿음 체계는 어떠한가. 이미 스스로의 한계를 그어 버리지는 않았는가. 신념과 상상력, 자존심, 단호한 결심으로 무장하면 당장 눈앞에 보이지 않는 것을 볼 수 있으며, 불멸의 것을 정복할 수 있다. 이룰 수 있다고 믿으면 그대로 이루어진다는 말도 있지 않은가.

자신의 가치를 분명하게 인식하라

자신을 분명하게 알려면 먼저 자신에게 내재되어 있는 가치를 제대로 인식해야 한다. 자신의 내적 가치를 판단할 때는,

'자신이 얼마나 많은 성과를 거두었는지'

'내가 얼마나 성공했고 사람들의 관심이나 호감을 받고 있는지'

'남이 나를 어떠한 격식으로 대하는지'

를 기준으로 삼지 말고 오직 있는 그대로를 받아들이며 재량하는

일이 중요하다. 자신의 삶을 제대로 누리고 싶다면 현재 자신의 모습이 마음에 차야 한다. 그런데도 자신을 지나치게 과소 평가한 나머지 억눌린 심정에 사로잡혀 있는 사람들이 있다. 이들은 당연히 행복을 모르고 불만으로 가득 차 있다. 자기 자신을 사랑할 줄 모르는 것이다. 자신을 사랑할 줄 모르는 사람은 남도 사랑하지 못한다. 따라서 자신의 가치를 제대로 알기 위한 출발점은 있는 그대로 자신을 사랑하는 것이다.

이 세상에서 완벽한 인간은 없다. 누구에게나 흠은 있다

'이 세상에서 완벽한 사람은 없다. 누구에게나 흠은 있다.'

진정한 깨달음을 얻으려면 많은 흠에도 불구하고 자신을 존중할 줄 알아야 한다. 항상 스스로를 업신여겨 낮추는 사람이 있다.

"나는 정말 한심해."

"나는 매력이 없어."

"나는 너무 무능력해."

자신을 홀대하지 말라. 누구나 인생은 마음에 들지 않는 구석이 있기 마련이다. 고쳐야 할 나쁜 습관도 있을 것이다. 그러나 명심할 것은, 우리 자신은 아직 완성되지 않았으며, 계속 발전시켜 나가는 과정에 있다는 것이다.

포기하고 싶은 유혹이 들 때마다 우리의 미래가 모자람이 없이 채워져 충분한 만족과 기쁨을 누리고 있는 상태를 떠올려라. 갈 길이 너무 벅차서 하던 일을 중도에 그만두고 싶을 때는 얼마나 많은 길을 걸어왔는지 돌아보라. 우리의 뜻대로 되지 않을 때는 과거에

비해서 얼마나 발전했는지 생각하며 자신에게 감사하라.

우리는 누구나 난관에 부딪치며 시련을 겪는다. 때로는 구겨지고 더러워진 심정이 들기도 한다. 그러나 우리는 여전히 소중한 존재이다. 어느 누구도 우리에게서 그것을 앗아갈 수 없다. 생각 밖의 훼방꾼이나 사회적 환경 때문에 우리의 가치를 평가절하하지 말라.

'누군가에게 괄시받고 이용당한 쓰라린 아픔이 있는가.'

'사랑하는 사람이 아무런 이유도 없이 등을 돌리는 바람에 좌절감에 휩싸인 적이 있는가.'

'어렸을 적에 학대를 당하여 수치심과 죄책감 속에서 살아왔는가.'

'과거에 일어난 모든 나쁜 일이 자신의 잘못 때문인 것 같은가.'

그래서 저절로 상심과 고통·죄책감·자기 비하 속에서 살아 마땅한 사람이라고 여기는가. 모두 헛되고 잘못된 생각이다. 희망은 언제나 우리 곁에 있다. 우리가 어떤 삶을 살아왔으며, 얼마나 많은 실패를 경험했을지라도 우리의 가치는 항상 처음과 똑같다. 우리는 현재 일어나고 있는 모든 일을 다 알지 못한다. 우리가 원하는 그대로 인생이 펼쳐지지 않더라도 언제나 희망이 가득한 미래를 꿈꾸며 스스로를 포기하지 말라.

시련과 고통은 우리를 단련하고 성장시킨다

'인생은 시련과 고통 속에서 성장한다.'

우리가 그토록 격렬하게 대항하는 상대가 우리를 더 높은 단계로 가르쳐 이끄는 도약일 수 있다. 시련은 우리를 단련시켜 익숙하게 하고, 강인함과 활기·생동감·열정을 유지시키고 우리를 성장시킨다.

저항심이 없으면 발전할 수 없다. 공기의 저항이 없으면 비행기는 날아오를 수 없고, 물의 저항이 없으면 배는 뜰 수 없으며, 우리를 짓누르는 중력이 없으면 걸을 수 없는 것이다. 인간은 모든 것을 쉽게 얻으려고 하지만, 고통과 혼잡을 거치지 않고 인내심과 신뢰하는 법을 배울 수는 없다. 아쉽게도 육체적·정신적·영적으로 어렵지 않게 성숙할 수 있는 길은 없는 것이다. 굳게 일어서서 열정적인 태도와 기량으로 우열을 가려라. 최후의 승리를 거둘 때까지 잠시도 한눈 팔지 말라.

'오랫동안 답답하고 찌무룩한 삶을 살아왔는가.'

'죽지 못해서 살아왔는가.'

'모든 것을 포기하기 직전이었는가.'

'주위 사람들이 꼴도 보기 싫었는가.'

이제 더 이상 우울해 하지 말라. 하늘이 우리를 위해 가슴이 두근거리는 축복을 준비하고 있다. 이제는 긍정적이고 적극적이며, 새롭고 깨끗한 태도를 선택하여 열정을 회복할 때이다.

"오늘 상황이 바뀔지도 모른다."

"오늘 기적이 일어날지도 모른다."

이러한 기대를 마음에 품고 있으면 고통 가운데서도 열정을 유지할 수 있다. 항상 희망으로 가득한 만족스럽고 유쾌한 삶을 기대하라.

오늘을 기대했는데 아무 일도 일어나지 않았다면 잠도 이루지 못하겠지. 아니다. 뜻대로 되지 않았을지라도 다음과 같이 기도하라.

"하느님, 오늘은 저의 소원을 이루지 못했지만 그래도 당신을 믿습니다. 저는 제 인생에 좋은 일이 일어날 것을 여전히 믿습니다. 기적의 변화에 더 가까이 다가왔으니 뜨거운 열정이 느껴집니다. 더욱 분발해서 유익한 삶의 생활을 영위할 수 있도록 계속 정진하겠습니다."

이것이 온전한 열정을 유지하는 비결이다. 꿈이 이루어지는 순간을 열렬히 기원하고 주위에 선을 행할 때에도 항상 열정을 품으라. 무슨 일이든 의무감으로 하지 말고 열정적으로 기쁘게 임하라. 올바른 태도와 동기로써 감사의 마음으로 옳은 일을 하는 습관을 길러라.

철학자 칸트는 "기도를 하지 말고 생활을 기도처럼 하라"고 조언하였다. 언제나 자신의 마음 속에 있는 것이 현실이 된다. 오로지 믿는 그 한 점만 바라보라. 결코 그 곳에서 눈을 떼어서는 안 된다.

인간에게는 누구나 본능적인 기도의 마음이 있다. 따라서 **'종교를 갖고 있든 가지고 있지 않든 사람은 누구나 자유롭게 마음 내키는 대로 기도를 해도 좋다.'** 기도를 생활의 한 부분으로 생각하는 위인들도 많았다. 기도를 하는 생활에서 그들은 위안과 평화를 얻고 신념을 실현시킬 수 있었던 것이다.

- "인터넷에 저를 모함하는 글을 올린 사람들을 고발했습니다. 선생님, 잘 한 일일까요?"

사십대 초반 유명 연예인의 질문이다.

- "선생님, 제 아내가 집을 나갔습니다. 바람이 난 것인지, 아님

남에게 빚을 많이 져서 피한 것인지 그 원인을 모르겠습니다. 같이 있을 때는 몰랐지만 막상 없으니까 마음도 불안하고 우울해서 너무나 힘이 듭니다. 정신과 약을 먹어도 잠시 그때뿐이고 하루하루 사는 것이 지옥 같습니다. 선생님, 어떻게 하면 찾을 수 있을까요?"

오십대 초반 남성의 하소연이다.

• "우리 남편이 필리핀에서 실종됐는데 일본 정부와 미국의 정보기관에서는 저를 의심하고 있습니다. 저도 괴로운데 정말 억울합니다."

일본인과 결혼한 오십대 여인의 호소이다.

• "요즘 경기가 없어서인지 장사가 되지 않습니다. 집세는커녕 직원들 월급조차 주기 힘들어요. 무슨 좋은 방법이 없을까요?"

사십대 후반 남성의 푸념이다.

• "전세금이 너무 올라서 은행 융자를 받아 아파트를 사려고 하는데 잘 한 생각일까요? 아니면 주제 넘은 짓이 아닌지 걱정이 되어서 찾아왔습니다."

사십대 초반 남성의 말이다.

• "선생님, 저의 남편이 다른 여자와 바람이 나서 살림까지 차린 것 같습니다. 없는 집으로 시집와서 악착같이 일을 해 이제야 기반을 잡았는데, 정말 억울하고 괴롭습니다. 자식들 때문에 이혼은 못하고 어떻게 그 여편네를 떼어낼 수 있는 방법은 없을까요?"

오십대 초반 부인의 절규이다.

• "저의 신랑이 중국으로 출장을 갔는데 갑자기 소식이 끊겼습니다. 무슨 일이 있는 것인지 굉장히 불안합니다. 선생님, 별일이 없겠지요?"

사십대 후반 여성의 토로이다.

• "회사 기밀 사항이 외부로 누출이 됐는데, 회사에서는 부서 책임자인 저를 의심하는 것 같습니다. 저와는 아무런 관련도 없는데 정말 억울합니다. 어떻게 해명할 수 있는 방법이 없을까요?"

사십대 후반 남성의 하소연이다.

• "선생님, 7년 동안 사귀던 여자 친구와 결혼을 약속하고 날짜까지 받아서 청첩장까지 돌렸는데, 갑자기 정혼녀가 결혼을 하기 싫다고 생떼를 쓰고 만나주지도 않는데 이 일을 어찌하면 좋을까요?"

삼십대 초반 남성의 하소연이다.

• 하루는 정보산업계통의 사업을 하는 오십대 초반의 남성이 찾아왔다.

"동업자한테 속아서 큰돈을 사기 당했습니다. 선생님, 어떻게 하면 좋을까요? 제가 다시 일어날 수 있을까요?"

• "저의 남편이 교통사고로 돌아갔습니다. 저 혼자서 자식들을 남부럽잖게 키울 수 있을까요? 세상살이가 너무 힘들고 두렵습니다."

사십대 초반 부인의 절규이다.

• "지인의 권유로 주식에 투자를 해서 많은 돈을 잃었습니다. 만회할 수 있는 방법이 있을까요? 그리고 그 지인은 진정 저한테 도움이 되는 사람입니까?"

사십대 중반 남성의 토로이다.

• "선생님, 성형을 하면 운명도 바뀝니까? 제가 지질하게도 되는 일이 없어서 얼굴을 한번 고쳐볼까 합니다."

사십대 후반 남성의 질문이다.

어떠한 역경 속에서도 쉽게 좌절해서는 안 된다. 마음의 문을 활짝 열어보라. 아무것도 할 수 없으리라는 주위 사람들의 판단을 뒤엎고 승리를 거둔 위인들에게서 인의人義를 실천하기 위해 자신의 골수와 신장을 기증하는 성스러운 의인에게서, 보다 나은 사회를 위해 투쟁하고 승리하는 영웅들의 모습에서, 천진난만한 아이들의 웃음소리에서 희망의 속삭임이 들릴 것이다. 고난을 삶의 전환점으로 삼은 사람들의 이야기에 귀를 기울여 보라. 그들이 고난 속에서도 어떻게 희망을 키워 나갈 수 있었는지 자신의 존엄성과 내적 발전을 위해 어떻게 투쟁하며 시련을 참아 냈는지를 들어보라.

신의 영묘한 계시는 어디서든 얻을 수 있다. 그것은 선택하는 것은 우리들 자신이다. 숨을 깊이 들이마신 다음, 충만한 삶을 위해서 우주의 긍정적인 에너지와 영혼을 받아들이자.

성공하는 마음의 자세를 갖추어라

자기의 마음을 성찰한다는 것은 번영하는 마음가짐을 다진다는 의미도 포함된다. 우리는 자신을 어떻게 보느냐에 따라서 흥하기도 하고 망하기도 한다. 우리는 번영하는 삶에 필요한 모든 것들을 이미 갖추고 있다. 가능성과 잠재력, 창조적 아이디어, 꿈으로 가득 찬 미래이다. 그러나 아무리 좋은 장래의 구상이 있다 해도 반드시 성공하리란 법은 없다. 그것은 우리가 성공할 수 있는 환경을 조성해야 하기 때문이다.

'의심의 장막을 걷고 자신의 숨어 있는 능력을 믿으라.'

나는 지극히 귀한 사람으로서 위대한 일을 하기 위해 창조되었다는 사실을 가슴 깊이 새기라. 나는 뛰어난 존재이며 능력과 재능과 지혜를 갖추고 있다. 나는 지금 당장 나의 운명을 완성하기에 조금도 손색이 없다.

"나는 할 수 없어."

"그럴 만한 능력이 부족해."

주위를 보면 그저 되는 대로 세상을 살면서 비관하고 순응하는 사람이 많다.

"이만큼 했으면 됐어."

"더 이상 승진은 어려워."

"제 분수를 알아야지."

틀린 말이다. 우리의 분수는 끊임없이 성장한다. 우리의 분수는 모든 난관을 극복하고 인생의 모든 영역에서 승리의 삶을 사는 것이다.

'이루 말할 수 없는 큰 좌절과 실패를 맛보았는가.'

어떠한 이유이든 현실을 직시하라. 상황이 뜻대로 되지 않아도, 누군가 나를 실망시켰어도, 우리의 원래 신분에는 변함이 없다. 쓰러져도 다시 일어나 힘차게 걸어가라. 문이 닫혔어도 팔을 쭉 뻗어 문을 열고 나아가라. 인생의 구석에서 쪼그리고 앉아 두려움과 걱정·근심의 구렁텅이에서 초조해 하지 말고 생활하는 주위의 상태를 정화하여 어서 빨리 벗어나라.

'가난한 환경에서 자랐고 지금도 빈곤에서 벗어나지 못하고 있다.'

그러나 상관이 없다. 하지만 마음 속에 새기어 둘 것이 있다. 빈곤의 의식이 우리 안에 파고들지 않도록 조심하라. 빈곤하게 살았고 별 볼일 없는 일을 하는 데 익숙해져서 거기에 만족하고 안주하면 안 된다.

"난 항상 가난했고 앞으로도 마찬가지일 거야."

이런 생각을 버리고 자신을 신뢰하는 마음을 가질 때 새로운 단계로 도약하는 자신의 모습을 발견할 수 있다. 번영하는 자신을 생각하고 그 감정적 느낌을 머리와 가슴에 새기라. 잠깐 동안은 빈곤 속에서 살겠지만, 가난이 우리 속에서 자리잡지 않도록 행동 환경을 규정하라. 우리가 스스로 빈곤층이라고 간주하며 살아간다면 얼마나 큰 비극인가.

시련과 역경 속에서 벗어나는 비결은 인생의 밑바닥에서도 좋은 태도를 유지하는 것이다

'절망과 낙심 속에서 나아갈 방향을 종잡지 못하고 갈팡질팡하기에 인생은 너무도 짧다.'

거듭 고난이 닥쳐오고 거듭 큰 실패를 경험했더라도, 누군가 혹은 어떤 상황이 우리를 휘어 부러뜨리려 해도 마음만큼은 굳게 서 있어야 한다. 시련과 역경 속에서 벗어나는 비결은 인생의 밑바닥에서도 좋은 태도를 유지하는 것이다.

지금까지 우리는 나름의 최선을 다 했다. 자신감을 잃지 않았고 정성껏 노력을 기울였다. 그런데도 아무런 변화의 조짐이 보이지 않는다. 이제는 좌절감이 거친 파도처럼 밀려온다.

"다 소용 없잖아. 이제 알았어, 앞으로도 처한 현실은 변하지 않는다는 것을."

아니다. 절대 포기하지 마라. 우리가 믿음의 반석 위에 굳게 서서 시련과 고통이 우리를 넘어뜨리려 해도 영혼과 정신은 일어서 있으라. 마음과 정신과 의지력만 바로 서 있다면 못 할 일은 없다.

'혹여 가만히 앉아서 상황이 바뀌기를 기다리고 있지는 않는가.'

'진인사대천명盡人事待天命'이란 글귀가 있다. 내가 할 일을 다 하고 천명을 기다리라는 뜻이다. 우리가 진정으로 일어나 우리의 할 일을 다 했을 때, 우리의 삶 속에서 초자연적인 회복의 역사는 시작된다. 지금 인생의 어두운 터널을 지나고 있는가.

'누군가에게 속거나 괴롭힘을 당해서 상실감에 주저앉아 울고만 있는가.'

'앞으로의 희망이 보이지 않아서 넋을 놓고 있는가.'

'인생이 너무 불공평해서 모든 걸 포기하고 싶은가.'

그렇다면 지금 곧 마음의 자세부터 바꿔라.

잃은 것들을 탄식하고 앉아만 있지 말고 승리자의 마음으로부터 일어서기 시작하면 상황도 바뀌게 되어 있다. 따라서 시련과 역경이 들이칠 때 짜증을 내거나 불평하거나 신세를 한탄하지 말고 오히려 승리자의 태도를 품어라. 기나긴 여정에 지쳐 마지막 희망의 끈마저 놓고 싶은가.

"월급은 쥐꼬리만한데 빚은 산더미야. 언제쯤이나 돈 걱정 없이 살 수 있을까."

"번번이 승진 기회를 목전에서 놓쳤어. 나는 여기까지인가 봐."

"고시에 연거푸 낙방을 했어. 이제 포기할까 봐."

"이렇게 아픈 지도 꽤 오래 되었어. 아무래도 낫기는 틀렸지."

"그토록 오래 기다렸는데 아직까지 변하지 않았어. 더 이상은 못 참아."

진정 패배를 인정하여 굴복하고 싶은가. 안 될 말이다. 패배를 예측하며 아예 성공이나 승리를 기대하지 않는 사고와 태도를 벗어던지고 낙관적인 마음과 믿는 마음을 받아들이라.

"이 시련에서 벗어날 거야. 오랫동안 병마에 시달렸지만 이 고통도 곧 끝나겠지."

"더 열심히 노력해서 다음 시험에는 꼭 합격할 거야."

"반드시 승리를 쟁취할 거야. 반드시 인간 관계를 회복할 거야. 반드시 이 문제를 해결하고 나의 길을 가겠어."

우리가 더 강하고 단호하다는 사실을 내면으로부터 적에게 보여줘야 한다. 상대를 향해 소리 높여 외쳐라.

"나는 목숨을 걸고서라도 믿음의 반석 위에 우뚝 설 것이다. 희망을 포기하고 그저 그런 삶에 만족하지 않겠다. 더 나은 미래를 위해 전심전력을 다 하여 그날이 아무리 더디게 와도 굳은 의지로써 기다리겠다."

• "선생님, 회사에서 동료들이 저를 왕따를 시키고 있습니다. 같은 임원급인데, 회장하고 연줄이 있는 놈들입니다. 저는 회사를 위

해 기술 개발·판로 개척 등에 중점을 두고 열심히 일해 왔는데, 걔들은 멀리 내다보지를 못하고 우선 당장 겉치레만 하려고 해서 제가 반대를 했더니 저를 공격하고 있습니다. 지금 마음 같아서는 회사를 그만두고 창업도 생각하고 있는데 제 생각이 옳은 것일까요?"

사십대 후반 남성의 울분이다.

• "절친했던 의사들끼리 합심해서 땅도 사고 건물을 지어서 병원을 운영하고 있습니다. 한데 이놈들이 작당해서 저를 병원에서 내쫓으려고 합니다. 아무 근거도 없는 생트집을 잡아서 고소를 하고 사실과 어긋난 소문을 내는 등 저를 아주 힘들게 하고 있습니다. 내 이놈들을 다 쳐죽이고 저도 죽고 싶습니다. 제 주도하에 병원도 지었는데 은혜를 원수로 갚는 격입니다. 선생님, 무슨 좋은 방법이 없을까요?"

오십대 초반 남성의 토로이다.

• "집사람의 간곡한 만류로 조직 생활을 청산하고 조그마한 주점을 운영하고 있습니다. 그런데 동네 젊은 아이들이 저를 몰라보고 버릇없는 행동을 하는 등 은근히 행패를 일삼는데, 이 건방진 놈들을 좋은 말로 타일러야 하는지요? 아니면 후배들을 불러서 혼쭐을 내야 하는지요? 선생님, 어떻게 하면 좋을까요?"

사십대 중반 건장한 남성의 질문이다.

'싸움은 신중하게 선택하십시오.'

이 세상에는 나와 의견이 다른 사람, 나와는 다른 방향으로 일을 처리하는 사람, 그리고 제대로 풀리지 않는 일들이 있게 마련이다. 만약에 이 모두와 맞서 싸우기로 한다면 우리는 아마도 싸움을 벌이다 삶의 대부분을 허비하고 말 것이다. 보다 평화로운 삶의 방식은 다툴 가치가 있는 싸움과 다투지 않고 그냥 내버려 두는 게 현명한 싸움을 의식적으로 구분하는 것이다. 그리고 반드시 다툴 일이면 주도 면밀하게 계획을 세워서 철저하게 대처하라.

현실의 아득함에 순응하여 낙심하고 풀이 죽어 있을 까닭이 없다. 수백 번 수천 번을 넘어져도 다시 일어서라. 언제나 사랑과 행복과 성공만을 생각하면서 목표를 향해 밀고 나아가라. 우리가 굳은 의지력과 결단력을 정비하여 스스로 할 수 있는 소임을 다 했을 때, 우주를 주재하는 초자연적인 기운은 우리가 할 수 없는 얼기설기 뒤엉킨 부분을 풀어 처리해 주신다.

작년 봄, 오십대 초반의 부인이 찾아왔는데, 얼굴은 전택(눈썹과 눈 사이)이 넓은 편이고 눈꺼풀이 도톰했다. 이 상은 윗사람의 이끌어줌과 혜택을 받아야만 탄력적으로 운명이 열리는 명이다. 또한 부모님한테도 효도할 것이고, 마음 씀씀이가 넓고 성실하며 무슨 일이건 정열적인 여성일 것이다.

그녀가 남편 사주를 보러 왔다기에 생년월일을 묻고 풀이해 보니 이건 완전히 바람둥이가 아닌가. 시쳇말로 치마만 두르면 다 여자로 보는 사람이며, 돈을 벌긴 버는데 앞으로 남고 뒤로 밑지는 형국이라,

"바깥양반의 사주가 파란곡절이 많은 운명이며, 지금까지 번 돈 다 잃고 현재는 생활도 어려운 지경입니다. 돈이 모아지지 않는 이

유는 반드시 올라서야 할 시기에 부인 이외에 다른 쓸데없는 여자가 들어오니 사업이 잘 될 리가 있겠습니까? 원래 여자가 들어오면 사업운이 반감되어 재수가 없는 것입니다. 그리고 부인은 건강도 좋지 않군요."

"예, 그래요. 저희 집 아저씨는 천하의 바람둥이입니다. 저희 집에 세 들어온 여자부터 직장 동료·카페 종업원 등 이루 다 말을 할 수가 없습니다. 사업은 건축업을 했는데, 친정의 도움을 받아서 사업도 번창하고 돈도 많이 벌었지요. 그런데 6년 전 친구의 소개로 부평역 지하도 상가 토목공사 하청을 맡아 했는데, 원청업체 사장의 농간으로 공사 대금을 받지 못해서 그 사장을 고발하고 재판에도 이겼지만, 돈을 다 빼돌려 자기 명의로 가진 것이 없기 때문에 공사비를 받지 못했습니다. 그놈은 지금 빼돌린 돈으로 호의호식하며 잘살고 있습니다. 그걸 보면 분통이 터질 지경이지만, 어떻게 할 수가 없어 울화병으로 몸도 많이 상했고, 현재는 살림마저 어렵지만 남편은 지금도 저 몰래 바람을 피우고 있는 것 같습니다. 남편 바람기를 꼭 잡아 주십시오. 생활도 어려운데 정신차려서 취직이라도 해야 하는 것 아닙니까?"

원래 운명상 돈과 여자는 같이 들어오게끔 되어 있다. 그러면 돈을 취할 것인지 여자를 취할 것인지는 본인의 선택에 매여 있는 것이다. 또 부부 사이에 외간 여자나 남자가 끼어들면 부부의 영혼은 혼동의 상태로 빠져드는데, 그 나쁜 기운으로 인해서 진급도 취직도 시험도 사업도 되지 않는다. 그러나 다행히도 이 남자는 일말의 운세가 살아 있어 다른 여자만 들어오지 않게 막아주면 앞으로 충분히 행세할 수 있는 사주였다. 그래서 탕화의 기운을 풀어헤치고 행운을 불러들이는 방향·색깔·번호·도장 등을 바꿔 주었다.

그후 건설회사에 취업하여 현장 소장으로 근무 중이며, 부부 금슬도 좋고 가정에도 충실하고 있다.

인생은 자신이 가장 많이 생각하는 모습 그대로 이루어진다. 다르게 표현하면 우리가 무엇을 위해 적극적으로 노력하여 축적된 결과가 바로 우리의 모습이 된다는 뜻이다. 삶이 제대로 풀리지 않을 때마다 초조해 하고, 다른 사람의 비난이나 적대감에 민감하게 반응하여 생각을 눈덩이처럼 키워나가고, 아니면 삶을 무슨 긴급을 요하는 비상 시국처럼 받아들이는 습관이 있다면 불행하게도 우리의 삶은 그런 형태의 모습으로 투영된다. 인간들이 내면의 평화를 이루고자 노력하면서도 때때로 저지르는 실수는 하나의 작은 실패에 크나큰 좌절을 느낀다는 사실이다. 이의 대안은 우리의 실수를 배움의 기회로 승화시키고 내면의 성숙을 꾀하여 균형 잡힌 시각으로 자신을 바라보는 것이다. 자신이 문제덩어리 인간이라는 점을 스스로 인정할 때조차도 자신이 최선을 다 하고, 그리고 올바른 방향으로만 나아가고 있다면 일단 의미 있는 삶을 살아가고 있는 셈이다.

있는 그대로 자신을 사랑하라

잘못되고 모자라는 점까지 포함하여 현재 자신의 모습을 그대로 인정하고 사랑하라. 그러나 정서적·사회적인 문제의 근본 원인을 분석해 보면 자신을 사랑하고 인정하지 못하는 사실이 드러난다. 자기의 외모와 행동·태도, 나아가 성품까지도 마음에 들지 않아서 항상 자신을 남과 비교하며 자신이 바뀌기를 기대하고 있는 것이다.

"나의 외모가 그를 닮았으면."

"나의 목소리가 그와 같다면."

"나의 몸매가 그녀처럼 늘씬했다면."

"저기를 낮추고 여기를 높이면 더 예뻐 보일 텐데."

우리가 영화 배우나 패션 모델, 유명한 운동 선수 등으로 활동하게끔 이 세상에 태어났다면 그에 걸맞은 외모와 재능을 가지고 태어났을 것이다. 그러나 우리는 현재의 삶에 소용이 있게 태어났으므로 지금과 같은 여건을 가지고 태어난 것이다. 따라서 자신을 남과 비교하지 말라. 타고난 그대로 자신을 사랑하고 인정하며 만족하는 법을 배우라.

그대로의 모습으로 최선을 다 하라

'우리는 남이 하는 언행을 그대로 옮겨서 재현하게끔 창조되지 않았다.'

항상 누군가를 본떠서 흉내내는 습관에 빠지면 삶의 질을 떨어뜨릴 뿐 아니라 자신만의 독창성을 상실하고 만다. 세상은 똑같이 본떠서 만든 인간들의 집단을 원하지 않고 다양한 특성을 요구한다. 그러므로 남이 자신의 잣대로 우리를 비난하거나 비웃어도 자신감을 잃을 필요가 없다.

남을 본떠서 흉내내려고 애쓰지 말라. 그대로의 모습으로 최선을 다 해야지, 굳이 외모와 행동을 바꿀 필요가 없다. 물론 다른 사람의 조언에는 항상 귀를 열어 놓아라. 그대로의 자신을 사랑하라는 말은 어리석은 고집을 부리거나 무조건 반항하라는 의미가 아니다. 아무렇게나 되는 대로 인생을 허비하는 것은 옳지 않다. 그러나 자신을 다른 사람이나 다른 틀에 억지로 꿰맞추기보다는 있는 그대로 자신 있게 사는 편이 훨씬 바람직하다.

있는 그대로 자신의 모습에 자신감을 가지라. 다른 누군가의 틀에 맞춰야 한다는 강박 관념에 사로잡히지 말라. 역시 남도 나의 뜻에 맞지 않는다고 언짢아하지 말라. 우리 각자가 있는 모습 그대로 전력을 다 하면 그것으로 충분하다. 씨름 선수에서 사회자로 변신한 강○○, 개그맨에서 국민 MC로 발돋움한 유○○, 국제 가수 싸○, 개그우먼 이○주도 자신들의 개성을 앞세워 목적을 이루지 않았는가. 당신은 자신의 뜻에 맞도록 노력하는가, 아니면 다른 사람의 기대에 부응하려고 애쓰면서 거짓된 삶 속에서 헤매고 있는가. 남의 뒤를 붙좇지 말고 자신의 창조된 모습 그대로 행동하면 뜻을 이룰 것이다.

'생활하는 주위 상태를 정화하라.'

지혜로운 사람과 사귀면 지혜를 얻고, 성공한 사람과 사귀면 오래지 않아 성공을 얻게 된다. 성공한 사람의 장래에 대한 구상은 전염의 성질이 강해서 우리의 마음 속으로 곧장 파고든다. 승리의 분위기에 머무르면 머지않아 승리의 감성적 의식을 얻고, 진실한 사람과 어울리면 오래지 않아 신뢰감으로 충만하게 된다. 까마귀의 무리 속에서 머무르는 한 백로가 될 수는 없다.

당신도 환경을 바꾸라. 신세 한탄만 하고 있지 말고 '정말 내 인생이 나아질까' 하는 걱정일랑 저 멀리 던져 버려라. 부정적인 환경을 떠나 승리의 분위기가 넘치는 곳으로 가라. 절망이 아닌 희망이 있는 곳을 찾으라. 새로운 단계로 나아가기 위한 힘을 얻을 수 있는 곳이 어딘가. 그 곳은 배움터일 수도 있고 봉사 혹은 신체 단련일 수도 있다. 우리의 기대 수준을 한 단계 끌어올릴 수 있는 곳 말이다.

우리에게 기대 수준을 높이라고, 축복받는 자신의 모습을 보라고 말하고 싶다. 성장과 승리를 기대하라. 자리를 박차고 일어나 열정 속에서 아침을 맞이하라. 혹여 상황이 우리의 뜻대로 흘러가지 않더라도 주저앉지 말라. 올바른 방향을 마음에 새기고 그 방향으로 끝까지 밀고 나아가라. 그러할 때 하늘은 우리를 전혀 생각지도 못한 곳으로 이끌어 감히 상상할 수 없는 완연한 수준의 삶을 우리에게 허락하신다.

하루는 사십대 초반의 부부가 왔는데, 남자의 얼굴을 보니 관록궁과 명궁이 훤칠하고 사회궁과 노복궁도 좋아서 명예도 얻고 이름도 날리며 많은 무리를 이끌어나갈 상이나, 사십대 초반의 운인 산근 부위와 찰색이 빛을 잃어서 현재는 마음이 산만하고 걱정할 일이 있을 것이다. 또한 부인의 상은 코가 길고 살집이 풍만하니 동정심도 많고 온후한 성질이며 장수할 상이고, 오악이 균형이 맞으니 남편 내조도 잘 하고 집안 살림도 잘 할 것이다.

생년월일을 묻고 풀이해 보니 사주는 때려잡는 사주이며, 관록과 명예가 좋고 운세도 좋으니 분명 법조계에 근무할 것이며, 올해의 운세는 직장 이동·변동 운인데 움직여서는 안 될 운이고, 최소 5년간은 더 근무해야 할 운명이다.

그래서 "직업은 법과 관련된 업이며 올해 직장에 변동수가 있으나 움직이시면 안 됩니다." 하니, "예, 맞습니다. 저는 ○○ 고검 검사로 재직 중인데 그만두고 변호사 개업을 할까 해서 앞으로의 일이 궁금해 찾아왔습니다" 하여, 괘를 내어 찬찬히 훑어보니 현재 3월은 직업이 흔들리는 피곤한 달이지만 갈수록 관록궁이 충만하여 12월에는 진급운과 좋은 자리로 갈 수 있는 운세이니 절대 퇴직할 운이 아니며, 더구나 재물운이 5년 뒤에 반복할 괘라, 지금 변호사 개업은 절대 해서는 안 될 운이다.

"현직을 절대 그만둬서는 안 되며 재물운이 5년 뒤에 발복하니 그때까지는 근무하셔야 합니다. 명예가 중요하지, 돈이 그렇게 중요한 것은 아니지 않습니까?"

하니 옆에 있던 부인이 조금 서운한 목소리로,

"하지만 아이들이 커나가고 있으며, 요즘은 공부도 많이 하고, 또한 저희도 노후 생활 계획도 해야 하니 필요한 만큼의 돈이 있어야 하지 않겠습니까?"

해서,

"아이들이 아직 어리니 봉급 가지고 아껴 쓰시면 되고, 5년 후에야 재물운이 발복하니 그때부터 시작하셔도 늦지 않습니다. 또한 올 12월에 진급운과 좋은 보직을 받게 될 것이니 더욱더 하셔야 합니다."

"아, 그렇습니까? 그러면 다시 한 번 생각해 봐야겠군요."

"그리고 얼굴도 판서감이니 변호사 개업 뒤에는 더 큰 일을 도모할 수 있는 기회가 있을 겁니다. 하나 지금은 때가 아니니 꼭 계셔야 합니다."

"잘 알겠습니다. 좀 안심이 되는군요."

마지막으로 자신의 운세를 일으키는 방향·색깔·숫자·방법을 알려 주었는데, 그는 지금도 성실하게 현직에 근무하고 있는 것으로 알고 있다.

혼돈과 책임, 그리고 삶의 목표에 짓눌려 있는 우리는 인생의 좌표를 잃고 헤매기 일쑤이다. 이런 상황에 처하면 가장 소중하면서도 가장 가까이 있는 것들을 잊거나 서둘러 취하고 싶은 유혹을 받게 된다. 그러할 때 '나에게 진정으로 중요한 것이 무엇인가?'라고 자신에게 묻는다면 우리는 자신의 선택 가운데 일부가 인생의 목표와 상충이 된다는 사실을 깨달을 것이다. 이러한 시도는 우리의 행동이 인생의 목표를 잊지 않도록 일깨우고 보다 현명한 결정을 내릴 수 있도록 돕는다.

모든 것은 말대로 이루어진다

우리의 말에는 인간의 생각으로는 미루어 헤아릴 수 없는 이상야릇한 힘이 있다. 때문에 우리가 깨끗하고 순순한 언어를 사용하면 세상이 바로 선다. 하늘을 덮고 있는 먹구름 속에서 투덜대거나 불평하지 않고 성의껏 염원하면 머지않아 태양은 환하게 모습을 나타낸다.

우리가 올바른 언어를 사용하고 올바른 태도를 유지한다면 우주의 좋은 기운은 우리의 모든 상황을 유익하게 바꿔 놓는다.

'참으로 우리가 사용하는 말이 그러한 기적을 일으킬 수 있을까?'

필자는 그렇다고 자신 있게 단언한다.

'말은 생명의 씨앗이다.'

입 밖으로 나온 말은 우리의 무의식 속에 심어져 생명력을 얻는다. 그리고 뿌리를 내리고 자라서 그 내용과 똑같은 열매를 맺는다. 우리가 낙관의 말을 하면 우리의 삶은 낙관적으로 펼쳐지고, 비관의 말을 하면 비관적인 결과를 얻는다. 패배와 실패의 말을 하면서 승리의 삶을 살려고 발버둥쳐 봐야 아무런 소용이 없다. 뿌린 그대로 거둘 뿐이다.

"나는 그럴 만한 자격이 없어."

"나는 도대체 좋은 일이 일어나지 않아."

"나는 제대로 하는 것이 아무것도 없어."

"나는 이 혼란을 감당할 수 없어."

자신도 모르는 사이에 이러한 말투로써 실패의 길로 향하고 있는 것이다.

아침에 잠에서 깨는 순간부터 신뢰와 승리의 언어를 떠올리고 마음에 새기는 습관을 길러라. 그런 말을 통해 우리의 꿈은 새로운 생명을 얻는다. 단순히 비관의 말을 하지 않는 것만으로는 부족하다. 그것은 수비만 하고 공격을 하지 않는 것과 같다. 목적을 이루기 위한 시합에서 계속 수비만 한다면 어떻게 승리할 것인가. 공격할 기회가 오면 상대를 몰아붙이고 점수를 내야 이길 수 있다.

말을 할 때에도 마찬가지이다. 비관의 말을 삼가는 데에서 그치지 않고 낙관적인 언어를 되새기라. 우리가 승리와 건강·희망·성공, 풍성한 삶의 말을 외칠 때 온 누리의 좋은 기운은 그 말을 현실로 이룬다.

때로 우리는 희망이 없는 상황에 직면하기도 한다. 그러나 그 어떤 경우에도 포기하지 말라. 우리가 자신을 신뢰하고 믿음과 성공의 말을 떠올리는 순간부터 현실은 바뀌기 시작한다. 곧 우리의 말은 세상을 바꿀 수 있는 것이다.

진정스런 마음으로 무언가를 끊임없이 갈망하고 추구하라

간절한 마음으로 무언가를 갈망하고 구하면 우리는 그 목적을 이루기 위해 무의식적으로 노력하기 시작한다.

"나는 무엇을 하든 성공하고 번영할 거야."

"멋진 미래가 나를 기다리고 있어."

"나는 어디를 가든지 축복받을 거야."

"나는 소중한 존재야. 나는 사랑받고 있어."

아침에 눈을 뜨자마자 이와 같은 밝고 희망 섞인 언어를 사용하면 머지않아 번영과 성공과 기쁨을 맛보게 된다.

우리가 인생의 고난에 어떻게 대처하고, 시련의 도가니 속에서 어떠한 말을 사용하는가에 따라서 고통은 오래지 않아 끝나기도 하고 평생 지속되기도 한다. 반드시 입을 단속해야 할 때가 있다면 바로 시련의 순간이다. 억장이 무너져 내리고 적응하기 어려운 고통이 가해졌을 때 자신의 불만과 신세 한탄을 늘어놓는 게 인간의 본성이지만, 그런 식의 대화는 자기 파멸만 초래할 뿐이다.

우리의 무의식은 우리의 언사를 사실로 받아들인 후에 그 행위를 성취하기 위한 기교 또는 수법을 가동한다. 그러므로 어떠한 불행한 일이 닥쳐와도 자신 외에 그 누구를 탓할 수 없다. 곧 우리를 무너뜨리는 것은 바로 우리의 생각과 행동과 말본새이기 때문이다.

자신의 성공을 위해서는 게으름을 피우면 아니 된다. 부지런히 현실에 맞는 희망의 글귀를 생각하고 그것을 실천하는 습관을 길러라. 낙관적인 시각으로 자신을 바라보는 것만큼이나 희망찬 말을 자신에게 각인시키는 것도 중요하다.

화창한 봄날, 한 여인이 무언가에 쫓기듯 찾아왔다. 초췌한 모습과 피곤한 기색이 역력한 그녀의 생년월일을 풀어 보니 후처로 살 팔자이며, 남편한테 칼 맞아 죽을 상이기에 거침없이 그대로 말해 줄 수밖에 없었다.

"남편한테 칼 맞아 죽을 수가 있으니 몸조심하세요."

이에 여인은 눈물을 흘리면서 사연을 말한다.

"선생님, 제 말을 믿으시지요. 제가 이 말을 하면 아무도 믿어줄 사람이 없을 것 같아 지금까지 아무에게도 이런 이야기를 못 했습니다."

하면서,

"남편이 침을 놓는 전문가인데 저를 죽이려고 지난 3년간 밤에 잘 때부터 아침에 일어날 때까지 매일 8시간 정도를 침을 꽂고 잠을 재웠습니다. 남편이 처음 2년간은 이런 침은 자기가 처음으로 연구 개발한 침술법이며 노벨상 감이라 하고, 제 몸이 좋아진다고 하기에 맞았는데, 몸이 마르고 건강이 더욱 악화되어 맞지 않으려 하자, 지금은 체질 변형이 되기 위해서 그러니 침을 계속 맞기를 권유해 그 뒤로 1년간을 더 맞았습니다. 그래도 제 몸은 좋아지기는 커녕 몸이 더 마르고 기력도 없으며, 더 이상 침을 맞는다면 죽는다는 생각이 들었습니다. 그래서 남편 몰래 여러 경로를 통해 과연 이런 침술법이 있는지 알아보니 그런 침술법이 전혀 없다는 것입니다. 그후로 침을 맞지 않으려 하자 그때부터는 강제로 침을 놓는데 저는 안 맞으려고 도망 다녔습니다. 밤이 되면 두렵습니다. 그리고 남편과 저는 각방을 썼는데, 제 방문을 잠그고 자면 밤늦게 열쇠로 밖에서 열려고 합니다. 그래서 지금은 재래식 열쇠고리를 하고 밤마다 불안에 떨면서 비몽사몽 간에 잠을 청하고 있습니다. 선생님,

이 일을 어떻게 하면 좋을까요?"

이 이야기를 듣자 필자는 과감히 헤어질 것을 권유하며, 남편 사주를 풀어본바, 결혼을 세 번 할 운명이고 여자를 교묘하게 이용하는 사주이다. 그런데 현재는 쇠고랑을 찰 괘가 안 나와 할 수 없이 강남의 유명한 여변호사와 합이 있어 그 변호사를 통해 민사 소송을 선택하게 했다. 지금은 아이들과 함께 건강하게 잘 살고 있다는 소식을 전해 왔었다.

이렇듯 현실은 예고 없는 변화에 의해 천차만별로 달라진다. 이별·소송·질병·실직, 재정적인 문제 등이 그것이다. 그러나 이러한 시련과 고통을 보다 성숙한 행동으로 대처해 나간다면 새로운 모습으로 성장할 수 있는 기회가 된다. **'더 나은 내일을 위해 오늘의 아픔을 잊어버려라.'** 자신의 가능성을 인고의 세월과 선택의 힘으로 이룰 수 있다는 믿음을 가질 때 비로소 성공이라는 목적지에 도달하리라.

가정의 앞날을 위해서 정제된 언어를 사용하라

아무리 의도가 좋아도 바르지 못한 언어는 우리가 생각하는 것보다 매우 빨리 상대방을 망가뜨린다. 어느 엄마가 중학생인 아들을 올곧게 키우려는 마음에서 쉴새없이 잔소리를 한다.

"너는 왜 그렇게 게으르니."

"왜 성적이 이 모양 이 꼴이야."

"열심히 공부하지 않으면 좋은 대학에 갈 수 없어."

"그러면 나중에 땅을 치며 후회하게 될 거야. 알겠니?"

이런 비관적인 말을 쏟아 붓고 자녀가 잘 되기를 기대하는 것은 참으로 어리석은 짓이다. 우리의 아들과 딸들이 자신들의 꿈을 이루고 성공하기를 바란다면 그들을 향해 절망을 경고하고 파멸을 주입시키기보다는 사랑·인정·포용·격려·희망 섞인 생명의 말을 전하라.

부모는 자녀를 올바르게 키울 책임이 있다

자식들이 말을 듣지 않을 때는 벌을 주기도 하고, 잘못을 저질렀을 때는 사랑하는 마음으로 혼내기도 한다. 그러나 자녀들에게 폭력적인 언행이나 부정적인 언어를 사용하는 것은 그들의 미래를 저주하는 것임을 인지하라. 아이들은 인정해 주는 말을 들어야 하고 사랑과 격려를 받아야 한다.

"아빠는 언제나 너희들의 가장 좋은 친구가 될 거야."

"너희가 못 할 일은 없어. 너희의 미래는 밝단다."

"엄마 아빠는 너희가 자랑스럽고 소중하단다."

이를 마음으로만 생각하지 말고 말로써 표현하라.

자녀의 단점과 문제에 초점을 맞추지 말고 오로지 해결책만을 생각하면서 세상에서 가장 착하고 바른 아이라고 칭찬하라. 이미 자라서 부모 곁을 떠난 자식들도 있을 것이다. 그러나 아직 늦지 않았다. 이제부터라도 격려하고 자긍심을 심어 줘라. 지금 당장 축복을 시작하면 자녀들의 미래는 얼마든지 바뀔 수가 있다.

학업 스트레스에 짓눌려 있는 아이들에게 부모든 선생이든 용기를 북돋워 줄 위인이 필요하다. 성적표의 낮은 점수 대신 잘하는 과목을 바라보라. "괜찮아. 잘 할 수 있어. 좀더 노력해서 다음 번에 잘 하면 되지." 아이의 강점을 보고 정서적으로 지지하라.

'인간은 이 세상에 태어날 때 누구나 한 가지 재주는 타고난다. 법학·의학은 아니지만 자신의 소질에 맞는 분야는 반드시 있다. 따라서 아이의 소질과 재능·적성을 파악하여 전공을 선정하라. 그리고 그 분야에서 최고가 되면 성공하는 것이다.'

"선생님, 저의 딸이 이번에 Y대나 H대의 의학전문대학원에 진학하려고 하는데, 어느 대학이 딸하고 인연이 있을까요? 이왕이면 제 아빠가 졸업한 Y대에 진학했으면 하는데요."

"따님은 명에 화의 기운이 왕성하나, 습토가 2개나 있고, 대운도 금의 기운으로 흐르며, 또한 올해는 서방이 천을방이므로 반드시 합격합니다. 걱정하지 마십시오."

후에 딸이 합격해서 아빠의 대를 이을 수 있게 되어 너무 기쁘다는 감사의 연락을 받았다.

"선생님, 우리 아이가 이번 대학 입시에서 기계과를 선택했는데 낙방했습니다. 다음에 합격할까요?"

"아들은 금의 기운이 왕성하고 몸도 차므로 빛을 내는 불과 연관이 있는 전기·전자계통의 학과를 선택해야 합니다."

아이는 이듬해 일류 대학의 전자공학과에 합격하였다.

이렇듯 입시 전형이 다양한 요즘의 시대에 소질에 맞는 적성은 합격의 여부를 가름한다.

이제부터라도 인정하고 칭찬하고 격려하라

가정주부가 정서 장애를 겪는 주된 원인은 자기 가치의 부재인데, 그것은 아내가 간절히 바라는 격려와 인정의 말을 남편이 짐짓 알면서도 무관심해서 하지 않기 때문에 나타나는 현상이다.

"내 아내는 내가 자기를 얼마나 사랑하는지 잘 알고 있습니다. 그래서 굳이 사랑한다고 말할 필요가 없습니다."

그렇지 않다. 아내는 평생 사랑한다는 말을 듣고 사는 안위적인 존재이다. 우리의 가정이 행복하기를 원한다면 이제부터라도 인정하고 칭찬하고 격려하라.

부부가 합심해서 행복을 기원하는 애정 표현을 하라.

"당신은 창의력과 능력과 용기가 뛰어난 사람이야."

"당신은 강한 의지와 지혜가 있어 하는 일은 번영하고 성공할 거야."

"사랑해. 당신은 내 생애 최고의 선물이야. 고마워. 당신을 만나서 너무 행복해."

이런 말을 전하라. 삶의 활력소가 되는 유익한 말도 표현하기 전까지는 호언好言이 아니다. 가정에서는 가장의 언사가 가족 전체의 반향을 주도하고, 기업에서는 경영자의 말이 직원들의 업무 선정에 관여한다.

이렇듯 우리 각자는 누군가에게 영향을 주면서 살아간다. 굳이 전체를 이끌어가는 위치에 있는 사람이 아닐지라도 나름의 세력 범위를 가지고 있다. 따라서 우리는 영향을 끼치는 상대에게 가능하면 정제된 말을 사용토록 노력해야 한다. 이것은 상대의 말에 반박하지 말라는 뜻도 아니고, 상대의 잘못을 지적하며 바로잡아 줘야 한다는 의미도 아니다. 그것은 서로가 공감할 수 있는 창조적인 언어를 사용하라는 것이다.

말을 함부로 하는 것은 망언妄言이니 망언을 하다보면 망할 일이 생겨난다. 그러므로 누군가를 억눌러 버리거나 무시하는 저속한 말로 그 대상을 꾸짖고 싶을 때마다 입 밖으로 한번 나간 말은 주워 담을 수 없다는 사실을 되새기라.

하루는 사십대 후반의 여성이 왔는데, 누당(눈 아래의 반원형 부분)에 부피가 없으면서도 얻어맞아서 부은 것처럼 눈 아래의 살이 반원형으로 부풀어 올라 있고, 간문과 인중도 흠이 있어 비 속에 홀로 서 있는 학과 같은 형상이었다. 따라서 결혼하게 되면 쓸쓸한 생활을 하는 운명이므로 남편의 사랑을 받기 어려울 것이다.

"안녕하세요. 아들이 한국외국어대학교에 편입 시험을 보는데 어떻게 될지 궁금해서 찾아왔습니다."

"그러세요."

사주를 풀이해 보니 운명은 권력·명예·인기를 포함한 관록이 충만하고 재물복도 왕성해서 31세 이후로는 대성할 괘이다. 기문으로 연운年運을 살펴보니 작년까지는 시험운이 약했지만 올해는 편입 시험에 합격할 운이 닿아 있었다. 하여,

"시험에 합격하니 걱정 안 하셔도 되겠습니다."

그러자 그녀가 활짝 웃으며,

"그렇게 되면 좋겠어요."

"한데 남편과는 사이가 좋습니까?"

"왜요?"

"부인을 보니 남편과 이별을 할 것인지 말 것인지 근심이 가득합니다."

"아, 어떻게 아셨습니까? 저는 남편이 여자한테 인기 좋은 멋진 바람둥이로 알았습니다. 그래서 지금까지 남편이 바람을 피워도 저보다 예쁘고, 젊고, 똑똑한 여성과 연애하는 줄 알고 제 자신이 못났기 때문에 꾹 참았지만, 우연히 남편이 사귀는 여자를 봤는데 저보다도 인물이 없고, 늙어빠진 여자와 사귀지 않겠습니까? 이건 정말 자존심이 상하고 분통이 터질 지경인데 선생님이 말씀하시는군요. 저희 어떻게 했으면 좋겠습니까?"

부부의 사주를 기문과 주역으로 괘를 내어보니 이별이 없는 공방수이며, 남편의 직업은 공무원인데 경우가 없는 사람은 아니었고, 오히려 부인의 사랑을 받고 싶은 마음이 여린 사람이다. 그리고 올해 몸과 마음을 차분히 하면 진급운이 있는 해이다. 하여,

"문제는 남편한테만 있는 것이 아니고 부인에게도 있습니다. 바람을 피우는지, 안 피우는지, 들어오는지, 나가는지, 통 무관심하시

니 부인을 봐도 보는 흥미가 있겠습니까? 질투도 할 때는 하고, 빈 말이라도 '당신이 최고야'라고 기도 살려주고, 자식들만 안고 돌지 말고 남편한테도 관심을 가지세요. 그러면 남편이 밖으로 돌지 않습니다. 더구나 올해 집안이 화목하면 직장에서 진급도 있을 운입니다."

하니, 깜짝 반기면서,

"그래요? 이번에도 진급이 누락되면 명예 퇴직을 해야 하는데 정말입니까?"

"그렇습니다. 남편한테 관심을 좀 갖고 '당신이 제일 멋져'라고 기도 살려주고, 그리고 쑥스럽지만 애교도 적당히 부리시면 부인이 더 예뻐 보이고 바람도 피우지 않을 것이며, 12월에는 진급도 꼭 할 것입니다."

하고는 부부의 생기방향, 자신의 행운을 불러들이는 방법을 알려주었다. 그후, 남편도 진급하고, 아들도 편입 시험에 합격했다는 감사의 연락을 받았다.

우리의 목표가 무엇이든 그것을 달성하려면 반드시 협력자가 필요하다. 조직의 능률을 올리기 위해서는 동료 직원들의 협조가 있어야 하고, 가정에서의 좋은 부모가 되고자 한다면 가족 구성원들의 협조가 뒤따라야 한다. 성공하는 삶을 사는 사람들에게는 반드시 상호 밀접한 협력자가 있다. 반면, 실패하는 삶의 이면에는 거의 항상 인간 관계의 문제가 내재되어 있다. 따라서 자신의 사회생활에 만족을 느끼지 못한다면 우선 다른 사람과의 관계를 점검해 보라. 사람들과 좋은 관계를 원한다면 호감을 사는 비결을 배우기 전에 먼저 다른 사람들이 싫어하는 나의 행동이 무엇인지를 찾아보라. 그리고 그 행동을 중단하라. 왜냐 하면 인간 관계의 질은 호감이 아니라 혐오감에 의해 보다 많이 좌우되기 때문이다.

마음의 상처를 시원스럽게 털어 버려라

과거에 일어난 일은 어찌할 수 없지만 현재의 상황에 대해서는 어떻게 대처할지 선택할 수 있다. 비통함과 분노의 감정에 젖어 현재와 미래를 그르치어 못되게 만드는 실수를 범하지 말라. 과거의 상처와 고통을 훌훌 털어 버리고 새로운 희망의 미래상을 향해 매진하라. 세상이 불공평하다며 고개를 떨어뜨리고 있는 사람은 태양을 볼 수 없다.

'우리는 뉘우치기는커녕 변명이 날뛰는 현대의 사회에서 삶을 유지하고 있다.'

"그것은 나의 잘못이 아니야."

"제가 그런 것이 아닙니다."

"제가 부정적이 된 것은 그런 가족의 분위기 속에서 자랐기 때문입니다."

"남편이 저를 버리고 떠났습니다. 그래서 저는 삶의 의욕을 잃었어요."

"아내가 집을 나갔습니다. 그런데 도저히 그 이유를 모르겠어요. 그래서 너무 우울합니다."

그렇지 않다. 마음이 아프고 우울하고 화가 날 때는 전적으로 거기에서 헤어나오지 못한 자신의 책임이다.

우리는 누구나 어렵고 힘든 일을 겪으면서 삶을 꾸려 나가고 있다. 그런데 그 문제의 원인을 깊이 헤아려 보면 잘못은 우리 자신에게 있었음을 알 수가 있다. 따라서 우리의 좋지 않은 과거는 오직 우리의 나쁜 습성과 행동, 그리고 어리석은 선택과 성급한 분노 탓으로 돌릴 수 있을 따름이다.

때로는 슬픔과 분노·좌절을 감지할 수밖에 없는 상황도 있다. 세상 누구도 겪어 보지 못한 얼크러진 고통 속에서 삶을 영위하는 사람도 있다. 욕을 먹고 심한 모욕을 당하며, 매를 맞고 성적 학대까지 당하는 사람도 있다. 누군가에게 속아서 사업이 파산하고 알거지가 되어 의욕마저 상실한 사람도 있다. 만성 고질병이나 불치병과 평생을 싸워온 사람도 있다. 그러나 앞으로 승리의 삶을 살고 싶다면 과거의 실패를 오늘의 선택에 대한 변명으로 삼아서는 안 된다. 또 나쁜 습성이나 남을 용서하지 못하는 태도를 과거의 상처에 대한 구실로 내세워서도 안 된다.

'이러하고 저러했으면 좋았겠느니' 하는 신세 한탄은 우리의 미래를 갉아먹는다.

"왜 이런 일이!"

"어떻게 그런 일이!"

"어째서 하필이면 나야!"

이런 질문은 이제 그만두라. 최선의 삶을 살기 위한 현명한 처신은 혐오스러운 과거의 잔재에서 벗어나는 것이다. 아무리 괴로운 일을 겪었더라도 그 일을 삶의 중심에 두지 말라. 과거를 떠나보내지 않는 한 새맑은 미래를 꿈꿀 수 없다. 말 못 할 슬픔을 느끼고 괴로워하는 것은 자연스러운 일이다. 그러나 언제까지 슬퍼할 수만은 없다. 마음에 고유한 본연의 덕성을 드러내고 원만한 사람이 되기를 원한다면 뒤를 돌아보지 말고 앞만 보면서 살아가라.

평온함과 행복을 가져다 준 기억만을 떠올린다

'모든 사람의 기억 체계에는 일정한 원리에 의해 조직된 두 가지의 집합체가 있다.'

첫 번째는 과거의 즐거웠던 기억이 저장되어 있고, 두 번째는 정반대의 슬프고 괴로웠던 기억이 저장되어 있다. 전자는 승리와 성공 등 과거에 우리에게 기쁨과 행복을 안겨주었던 것들이며, 후자는 온갖 부정적인 일과 상처, 고통과 슬픔의 원인이 되는 실패와 패배로 가득하다.

우리는 기억의 양면성 가운데 어느 집합체를 열어볼지 선택하며 살아간다. 다수의 인간들은 번번이 후자의 가슴 아픈 기억을 끄집어낸다. 누군가에게 속았던 순간 상처를 입고 고통스러워했던 바로 그때를 떠올리는 것이다. 이들은 부정적인 기억에 완전히 사로잡혀 첫 번째의 즐거웠던 기억을 열어볼 생각마저 않는다. 그래서 좋았던 시절의 기억은 어렴풋이 사라진 지 오래이다.

자기 연민에서 벗어나 자율성을 찾고 싶다면 머뭇거리지 말고 슬프고 괴로웠던 기억을 깎아서 없애라. 그리고 우리의 삶 속에서 행복했던 좋은 순간들을 생각하면서 미래의 밝은 전망을 바라보는 삶을 영위하라. 이제부터 자신의 희망을 앗아가고 파멸시켰던 기억을 잊고, 자신에게 형언할 수 없는 평온함과 행복을 가져다 준 기억만을 떠올리자.

모르는 것은 모르는 채로 내버려 두고 자신만의 미래를 향해 나아가라

가끔은 아무리 생각해도 과거의 아픈 경험에 대해 까닭을 알 수 없을 때가 있다. 그러해도 과거를 자기 연민의 구실로 삼아서 좋을 것은 없다. 상처는 상처대로 남겨 놓고 자리에서 일어나 앞으로 나아가는 것이 사리에 밝은 처사이다. 인생에 대해,

"무슨 까닭으로?"

"어째서?"

"왜?"

라는 물음은 대부분 그 내막을 알 수 없는 영원한 수수께끼로 남게 마련이다. 그러나 상관이 없다. 모르는 것은 모르는 채로 내버려 두고 자신만의 미래를 향해 나아가라.

바로 오늘이 우리 인생의 전환점이고 새로운 출발점이다.

"어째서 그런 좋지 않은 일이 나한테 일어났을까?"

그 이유를 알아내는 데 헛되이 쓸 시간이 없다. 자신이 희생양이라는 자괴지심을 올차게 떨쳐 버려라. 과거에 얽매여 미래까지 그

르치는 사람만큼 어리석은 사람도 없다. 승리의 삶을 살고 싶다면 자신을 불쌍하고 애처롭게 생각하지 말고, 속히 뜻을 세워 굳히고 앞날을 헤아려 전진하라.

하늘은 스스로 돕는 자를 돕는다고 하지 않았는가. 어려움이 있기 때문에 극복하려는 의지가 생기고, 그 의지는 신神의 축복으로 연결이 된다. 하늘은 우리를 시험하기 위해 짐짓 시련을 주시기도 한다. 그것을 극기복례克己復禮할 때 우리는 더 나은 인간으로 거듭나는 것이다.

하루는 삼십대 후반의 여성이 찾아왔는데, 이마가 반듯하고 윗입술의 선이 고와서 경제적으로 혜택받은 중류 이상의 가정에서 자랐을 것이며, 눈의 흰자에 푸른 기가 있는 것이 청순하지만 부부간의 운우지정雲雨之情이 약할 것이며, 히스테리라고 보아도 좋을 것이다.

사주를 풀이해 보니 직업은 권위와 명예가 따르고 활인업에 종사할 명이므로 의료계통이다. 초년의 운세가 좋으니 중류 이상의 가정에서 자랐을 것이나, 현재는 남편과 이별이고, 시비·구설·송사가 있으며, 심신이 엄청 피곤할 것이다. 하여,

"현재 남편과 이별, 그리고 시비구설수가 있을 운이니 조심하셔야 합니다."

하니 힘없는 목소리로,

"지금 그 문제로 인해 찾아왔습니다. 저와 같은 직장에 근무하던 시아버님의 중매로 남편과 결혼했는데, 그후에는 친정과의 왕래를 싫어했고, 나이도 남편이 저보다 한 살 아랜데 동갑으로 속였으며,

제 봉급도 제 맘대로 못 하게 했습니다. 이건 저를 완전히 우려먹기 위해 계획적으로 결혼했던 것 같습니다. 그래서 견디다 못 해 반발하니까 지금은 시집 식구들이 공모하여 저를 내쫓으려 하고 있습니다. 제가 사는 아파트 바로 위층에 시부모님이 살고 있는데 2개월 전부터 아이도 데려가서 보여주지도 않고, 저희 집 전화선도 위층으로 돌려놓고 아예 저를 고립시켜 위자료 한 푼 안 주고 빈몸으로 내 쫓으려 하고 있습니다. 저도 이젠 이혼하려고 작정했지만, 다만 얼마라도 받아가지고 나가야 전세방 한 칸이라도 얻지 않겠습니까? 그리고 아이도 제가 키우고 싶은데 선생님 이 일을 어찌하면 좋을까요?"

해서, 기문둔갑으로 괘를 내어보니 다행이도 송사하면 성공하고, 그 얼마 후에는 자식도 만날 운이다.

"부인과 합이 있는 변호사를 선임하여 위자료 청구 소송을 제기하면 재판까지 가지 않고 위자료를 받을 수 있을 것이며, 자식도 저쪽에서는 전혀 키울 수가 없으니까 다시 부인한테 돌려보낼 것이니 잘 키우세요. 그리고 부인도 문제가 있습니다. 모든 일에 대해 너무 의심이 많고 쓸데없는 걱정이 왜 그렇게 많습니까? 삼세번 생각해서 아닌 것은 빨리 잊어버리도록 하시고, 운동 열심히 해서 건강해지도록 노력하십시오. 육체가 건강해야 정신도 건강해지는 법입니다."

그리고 몸과 마음이 너무 허약해져 있어 정·신·기를 살려주는 방향과 방법 등을 알려 주었다. 그후 연락이 왔는데,

"선생님이 정해 주신 변호사를 선임해서 민사 소송을 신청하니까

남편 쪽에서 합의 보자는 제의가 들어와 위자료도 받았고, 3개월 뒤에는 아이도 돌려보내 키우고 있으며, 직장 생활도 잘 하고 있습니다. 정말 감사드립니다."

침울한 기분에 휘둘리지 말라. 기분이 좋을 때는 삶이 위대해 보인다. 그럴 때면 균형잡힌 시각과 상식을 갖게 되고 모든 일들이 어렵게 느껴지지 않으며, 문제들도 쉽게 해결될 듯이 보인다. 심지어 비난의 소리까지도 수월하게 받아넘긴다. 그러나 기분이 나쁠 때는 삶이 참을 수 없이 고통스럽고 심각하게 보인다. 우리에게 발생하는 작은 일들을 지극히 개인적인 것으로 받아들이고 왕왕 주변 사람들을 오해하기 쉽다. 이것은 우리가 그들의 행동에서 악의적인 동기만을 읽어낸 결과이다.

기분이 나쁠 때면 자신의 기분을 비난하기보다는 자신의 삶 모두가 잘못되었다고 느끼는 경향을 보인다. 그런 모습을 지켜보면 마치 삶이 한두 시간 만에 일그러지고 말 것이라는 인상을 받는다. 그러나 진실은 이렇다. 우리 삶은 기분이 좋지 않을 때 느끼는 그것만큼 절대로 나쁘지 않다는 것이다. 오히려 나쁜 기분에 머물러 있지 말고, 삶을 현실적으로 파악하고 있다는 확신을 가지고 지금 자신의 판단력에 의문을 제기해 보라. 기분이 좋지 않을 때는 그것을 심각하게 받아들이지 않으면서 흘려 보내는 것을 익혀, 그렇게 된 이유야 어떻든 관계없이 그냥 내버려두면 시간과 더불어 흘러가는 것이라고 일깨워 주어라. 반드시 그렇게 지나가고 말 것이다.

덮이어 묻힌 마음 속의 분노를 제거하라

과거의 괴롭고 쓰라린 기억이나 생각을 애써 밝힐 필요는 없다. 그러나 내면을 샅샅이 뒤져 드러나지 않게 감추어진 분노와 도덕적인 가치를 깨달아 바르게 행하려는 의식이 있는지 확인할 필요는 있다. 바꾸려고 한결같이 노력하는데도 뜻대로 되지 않는 인생의 영역이 있다면 무엇이 우리의 의식을 지배하고 있는지 숙고해야 한다.

외형적인 의식 구조를 바꿔 인생의 매듭을 풀어보려는 사람들이 있다. 좋지 않은 습관과 태도, 반듯하지 못한 인격, 고약한 성질을 바로잡으려고 하는 것이다. 물론 인생의 잘못되고 모자라는 점을 바꾸려는 시도는 나름의 가치가 있다. 그러나 근본적인 원인에 접근하지 않고 외적인 의식 구조만 바꿔봤자 끊임없이 제자리를 맴돌 뿐이다. 잠시 동안은 나쁜 습관과 태도를 버리고 좋은 상태를 유지할 수 있겠으나, 근본 원인의 내면에 잠재하고 있는 한 때가 되면 문제는 또다시 튀어 나온다. 그리고 '나는 왜 진정한 자유를 얻을 수 없을까?' 하고 골똘한 생각에 사로잡힌다.

문제의 원인은 깊은 곳에 있다.

'언제나 부정적인 생각만 하는 까닭.'

'항상 사람들과 잘 어울리지 못하는 까닭.'

'늘 화가 치밀어 오르는 까닭.'

등을 찾아서 그 이유를 밝혀라. 자신의 내면 깊은 곳을 모조리 들추어서 그 원인에 도달하면 진정한 변화를 시작할 수 있다. 많은 사람들이 상처와 고통을 마음 속 깊은 곳에 묻어둔다. 자신의 잠재의식 안에서 형적도 알 수 없는 분노를 품고 있는 것이다. 그러면서 그들은 왜,

'승리의 삶을 살지 못하는지.'

'왜 행복을 느끼지 못하는지.'

'왜 사람들과 어울리지 못하는지.'

의구심을 갖는다. 그것은 본인들은 깨닫지 못하겠지만 그 마음에 병이 들었기 때문이다.

우리의 내면에 품고 있는 분노와 원망은 대인 관계는 물론이고 자신의 인격과 태도까지 우리한테서 유발하는 모든 것들을 짓밟고 욕되게 한다.

우리는 마음의 상처를 평생 안고 원망하며 살아갈 수도 있고, 그것을 훌훌 털어 버리고 희망이 가득한 미래를 향하여 나아갈 수도 있다. 우리는 누구나 불공평한 일을 겪으며 살아간다. 세상살이가 원래가 그렇지 않은가. 그러나 정작 중요한 것은 고통스러운 일을 겪고 난 후이다.

분노를 품었던 대상을 용서하고 과거의 상처와 고통을 떨쳐 버려라

'완연한 오늘의 삶을 살려면 용서가 먼저이다.'

과거의 상처와 아픔이 내재되어 있는 한 행복한 삶은 찾아오지 않는다. 원망의 뿌리를 깊은 곳에 감춰둔 채 삶을 오염시키도록 버려두지 말라. 문제의 근원을 제거함으로써 진정한 행복을 얻고, 오

염되지 않은 순수한 삶을 경험할 수 있다.

"그들은 내게 너무도 큰 상처를 줬어."

"나한테 너무 못되게 굴었어."

"당신들이 내가 받은 고통을 알기나 해."

"얼마나 마음이 아팠는데, 절대로 그들을 용서할 수 없어."

이미 지난 일로 분노를 품고 있어야 바뀌는 것은 아무것도 없다. 분노를 품었던 대상을 용서하고 과거의 상처와 고통을 좇아 버릴 때, 원망의 불꽃은 사그라지고 우리의 삶에 다시 맑고 깨끗한 기운이 흐르기 시작한다.

"당신에게 몹쓸 짓을 한 사람을 용서하겠습니까?"

"물론이죠. 그를 완전히 용서했습니다."

"에이, 그럴 리가요. 당신은 거의 죽을 뻔했습니다. 하마터면 생명까지도 위태롭지 않았습니까. 그런데도 용서했다고요?"

"네, 진정으로 용서했습니다."

"왜요? 어떻게 그럴 수 있나요. 성인 군자라도 되십니까?"

"아니오. 저를 위해서 한 일입니다. 그 사람을 위해서 용서한 것이 아닙니다. 제가 평안하려면 미움을 떨쳐 버려야 한다는 걸 알았거든요. 용서하니까 자유가 찾아왔습니다."

"선생님, 언니와 제가 어린 시절에 아버지 본처 소생의 자식들에게 오랫동안 성추행을 당했습니다. 이복 오빠인 그들은 성추행을 한 뒤에는 아무한테도 말하지 못하게 강압적인 폭언과 협박을 가했습니다. 어느 날, 아버지가 낌새를 알아채고 그런 일이 있었는지 물었습니다. 저는 그때 초등학교 5학년이었는데, 어린 마음에도 아버지의 초췌한 모습을 보고 도저히 사실대로 말을 할 수가 없었습니다. 그래서 언니와는 달리 그런 일이 없었노라고 말은 했지만, 그놈들한테 복수할 것이라고 마음 속으로는 다짐하고 또 다짐했습니다.

저는 그때의 일로 인해서 정신과 치료도 받았고, 결혼한 뒤에는 남편과의 성생활도 '더러운 년'이라는 죄의식 때문에 원만치 못했습니다. 지금도 그 일이 잊혀지지 않고 때로는 악몽에 시달리는데, 그들은 소기업을 운영하면서 종교 단체의 임원으로 행세도 하고 호의호식하며 잘살고 있습니다. 선생님, 이런 걸 보면 하느님은 진정 있는 것인지! 인과응보라는 말은 정말 맞는 말인지 의문이 듭니다."

사십대 초반 여성의 절규이다.

많은 사람들이 어린 시절의 나쁜 기억이나 참된 사랑의 결핍으로 인해 고통을 받고 있다. 여기에서 벗어나는 길은 그러한 고통을 부끄럽게 생각하지 말고 상처를 용감하게 세상 밖으로 드러내어 당당하게 맞서야 한다. 내면에 잠재되어 있는 유년 시절의 상처, 폭력과 성폭행, 업신여김과 배신의 기억 등 끊임없이 자신을 괴롭히는 마음 속의 문제들을 허심 탄회하게 논의하면서 왜 그러한 상처를 입게 되었는지 파악하고 내면의 상처를 치유해야 한다. 최소한 용서는 아닐지언정 가슴 속에 맺힌 응어리를 훌훌 털어 날려 버리겠다고 결심하면 그 이후에 너무도 놀라운 결실들이 나타난다.

마음에 독을 품고는 갈피를 잡을 수 없는 인간의 집단적 사회에서 살아남을 수 없다. 원망과 분노 같은 독성 요소는 저 넓은 우주의 공간으로 날려 버리고 건전한 정신력으로 무장하는 것이 독소의 굴레에서 벗어날 수 있는 방법이다.

'어릴 적 나를 학대한 위인爲人들을 용서하고,
나에게 피해를 입힌 사람들을 용서하고,
나를 부당하게 대한 상사를 용서하고,
나를 배반한 사람을 용서하라.'

원망이 뿌리를 내리고 영속적으로 우리의 인생을 더럽히지 않도록 그것을 완전히 덜어 없애라. 지난 일은 하늘이 가름하여 되갚아 주시리라 믿고 과거의 잘못을 용서하는 것이 자신의 삶을 위해서도 현명한 처사이다.

하루는 사십대 중반의 남성이 찾아왔는데, 미간(눈썹과 눈썹 사이)이 좁고 얼굴이 오종종한 것이 쓸데없는 걱정을 많이 하고, 소심한 성격이라 대인 관계가 어렵고 처연도 좋지 않은 것이다.

사주를 풀이해 보니 사업운은 원만하고 자식도 무난한데, 부인한테 이혼당할 운이다.

"올해 부인한테 배신당할 운이니 조심하십시오."

하니 풀기 없는 목소리로,

"지금 그 일 때문에 왔습니다. 제가 친구와 ○○랜드에 놀러 간 것을 트집잡아 집사람이 이혼을 요구하고 있습니다. 저는 구경만 했지 배팅은 하지 않았거든요. 그렇게 말해도 '도박 좋아하는 사람하고 어떻게 같이 사냐? 앞날이 뻔하지 않느냐?' 하면서 각방 쓴 지도 벌써 3개월째고, 저는 자식들 때문이라도 절대 이혼을 생각하지 않고 있는데, 집사람이 막무가내입니다. 선생님 이 일을 어떻게 하면 좋겠습니까?"

"부인 사주 좀 불러 보십시오."

"예."

사주를 놓고 기문둔갑으로 괘를 내어보니 남편과는 공방수인데 옆궁을 살펴보니 사기꾼 같은 다른 남자가 버티고 있는 것이 아닌가,

"부인을 저한테 한번 보내십시오. 가지 않으려 해도 설득해서 꼭 보내세요."

"왜요? 무슨 일이라도 있습니까?"

"아니오. 별일은 없고 제가 한번 설득해 보려고 그렇습니다."

"예, 잘 알겠습니다."

3일 뒤, 깐깐하게 생겼지만 영리하게 생긴 여성이 찾아왔는데, 볼멘 목소리로,

"남편이 능력도 없으면서 카지노에나 다니고 지금까지 이 모양 이 꼴로 살아왔습니다. 이럴 바에야 혼자 사는 것이 현명하지 않겠습니까?"

"쓸데없는 말씀 하지 마십시오. 부인한테 다른 남자가 보이는데, 이혼하고 그 사람과 살면 금방 행복해지고 지금보다 더 호강받고 살 것 같습니까? 남편이 큰돈은 못 벌었지만 집도 사고 가정 살림하는데 곤궁하게 하지는 않았지 않습니까. 진정 남편이 잡기를 좋아하거나 무능해서 이혼한다면 저도 할 말이 없겠죠. 하나 사기꾼 같은 남자 친구의 감언이설에 속아 가정을 깨려고 하니 하늘이 무섭지 않습니까? 이렇게 한번 해 보십시오. 남자 친구한테 남편이 보증을

잘못 서서 동산·부동산 모두 압류당해 살아가는 데 힘이 든다고 해 보십시오. 그래도 부인을 사랑한다면 말리지 않겠습니다."

하니, 얼굴이 붉으락푸르락 안절부절못하더니 아무 말 없이 나가는 것이다. 그 3개월 후,

"안녕하세요. 선생님 말씀대로 제가 망했다면서 돈도 안 쓰고 옷도 허스름하게 입고 다니니까 지금은 연락도 없고 휴대폰도 받지 않습니다. 제가 할 말이 없네요. 정말 부끄럽습니다."

"남편 분은 소심하고 박력도 없지만 그래도 성실하지 않습니까? 남편은 이번 일을 모르고 계시니 열심히 사십시오."

그후, 남편이 찾아왔다.

"선생님, 집사람이 요즘 마음이 많이 바뀌었습니다. 이혼 이야기도 안 하고, 어제는 방도 같이 썼습니다. 이게 무슨 조화속인지 모르겠어요. 정말 감사합니다."

"부부의 사랑도 건강이 우선이니 운동 열심히 하십시오."

또한 부족한 신을 보충하고 기를 살려주는 방향·방법 등을 알려주었다.

너무도 많은 사람들이 언쟁이나 오해, 고통스런 사건으로 생긴 작은 분노에 강하게 매달리고 있다. 그러나 누군가가 화해의 손길을 내미는 경우, 대부분이 그렇듯이 둘 다 승자가 되는 것이다.

평화스런 존재가 되기를 원한다면 먼저 바르게 사는 것이 행복을 허용하는 것보다 요긴한 경우는 거의 없다는 사실을 분명히 깨달아야 한다. 우리가 행복할 수 있는 길은 상대방을 이해하는 것이

고, 먼저 손길을 내미는 것이다. 그러면 우리는 보다 사랑스런 세상을 만드는 데 필요한 몫을 수행했다는 사실만으로도 내면의 만족감을 얻게 될 것이며, 중요한 것은 나 자신이 더욱 평화스런 존재로 성숙할 것이 분명하다는 점이다.

실망감을 덜어 없애라

오늘을 행복스럽게 살면서 화창한 미래로 나아가기 위한 좋은 방법 가운데 하나는 실망감을 물리쳐 없애는 방법을 터득하는 것이다. 우리는 때때로 실망감의 공격을 받는다. 그토록 원했던 승진 기회를 놓쳤거나, 많은 공을 들였던 사업 계획이 수포로 돌아갔거나, 반드시 팔리기를 원했던 부동산이 계약 과정에서 파기됐거나 하는 경우처럼 비교적 쉬운 문제일 수도 있지만, 가끔은 심각한 상황이 일어난다. 또한 뜻밖의 사고로 사랑하는 사람이 죽거나 불행히도 난치병에 걸려 회생 불가능한 등의 경우도 있다.

어떠한 처지이든 실망감은 우리를 혼란에 빠뜨리고 자신의 믿음을 부숴뜨리는 강력한 힘이 있다. 그래서 실망감을 미리 발견한 뒤, 평화로운 마음을 유지하면서 그것을 삭이는 방법을 찾는 일은 대단히 중요하다.

실수하지 않는 사람은 이 세상에서 단 한 명도 없다

실망감의 굴레에서 벗어나는 과정을 양면의 동전에 비유할 수 있다. 한쪽 면은 자기 자신에게 실망했을 경우이다. 스스로 저지른 잘못에 얽매여 헤어나지 못하면 결국 자신의 파멸을 초래할 뿐이다. 개선책은 자신의 잘못을 인정하고 용서를 구한 후에 다음의 일상으로 나아가는 것이다. 실패와 좌절·고통·상처·죄악에서 서둘러 벗어날수록 치료의 속도는 빨라진다.

다른 한쪽 면은 타인의 말과 행동 때문에 실망감이 찾아오는 경우이다. 우리에게 피해를 준 사람들이 그 상처를 자꾸 끄집어내는 바람에 새로운 출발의 기회를 놓치는 일이 있다. 따라서 아무리 불공평하고 실망스런 일을 겪었다 하더라고 그 일은 깨끗이 털어 버리는 태도가 필요하다.

'누군가에게 버림받았는가?'

'누군가에게 몹쓸 짓을 당했는가?'

'사랑하는 사람의 생명을 위해 정성껏 기원했는데도 결국 그는 죽고 말았는가?'

물론 고통과 실패를 경험했을 때 아픈 감정을 느끼는 것은 당연지사이다. 어떤 상황에서도 눈 하나 끔쩍하지 않는 냉혹한 인간이 될 수는 없다.

실패를 겪었을 때 슬퍼하고 후회하는 것은 당연하다. 일자리를 잃었을 때 실망하는 것은 당연하고, 인간 관계가 깨졌을 때 상심하는 것은 당연하며, 사랑하는 사람을 잃었을 때 찢어질 듯한 아픈 마음의 상처는 당연한 일이다. 문제는 수년 전에 일어난 일로 인해 지금껏 슬퍼하고 있다는 것이다.

실망감은 마음을 어지럽히고 질서를 없게 만들어 자신을 가련하게 여기며, 거짓을 참으로 곧이듣게 한다.

"내가 뭘 잘못했기에 왜 이런 꼴을 당하지?"

"선거에서 왜 낙선한 거야?"

"행정고시에서 왜 떨어졌지?"

"내 사업이 왜 결딴이 난 거야?"

"제가 사랑하는 사람을 왜 하늘나라로 데려가셨나요?"

"내 인생은 왜 항상 뒤틀리는 거지?"

"내가 왜 이혼이란 아픔을 겪어야 하지?"

사실 이런 의문은 너무 오래 사로잡혀 있지 않는다면 오히려 유익할 수 있다. 그러나 더 이상 어찌할 수 없는 문제를 밝히어 가르는 데 헛되이 쓸 시간이 없다. 한번 쏟아진 물은 주워 담을 수 없는 법이다. 과거는 과거대로 묻어두고 단연코 자신의 인생길을 헤쳐 나아가라.

"선생님, 과거에 있었던 불미스러운 일이 자꾸 떠올라 대중들을 만나기가 두렵습니다. 어떻게 하면 좋을까요?"

한 유명 연예인의 질문이다.

이 경우, 자리를 박차고 일어나 이렇게 외쳐 보라.

"정말 고통스러운 시간이었어. 얼마나 힘겨웠는지 몰라. 하지만 이제는 더 이상 신경 쓰지 않을 거야. 내 인생을 완전히 살아가는 데 방해가 되거든. 앞으로는 장래의 일만 생각하면서 살아갈 거야."

우리는 어떠한 길로 갈 것인지 선택할 수 있는 자유 의지가 있다. 우리가 과거에 얽매이지 않고 기대와 믿음으로 행동하면서, '나는 나를 도와주는 절대자 하느님의 힘에 의해 반드시 좋아지고 있다'고 선언하고 마음 속에 새기라. 그 언어와 그 생각이 행운을 이끌어 오게 하는 것이다.

실수하지 않는 사람은 이 세상에 단 한 명도 없다. 실수했을 때 옳은 태도는 자신을 낮추고 용서를 구하며 자비를 받아들이는 것이다. 그렇지 않으면 회한과 후회 속에 살게 되며, 그 회한과 후회는 자신의 믿음을 갉아먹는다. 자신을 신뢰하는 마음은 먼 기억 속에 있는 것이 아니고 언제나 현재형이다.

하루는 지방에서 한 아주머니가 삼십대 초반의 여동생을 데리고 올라왔는데, 얼굴이 열이 올라 벌겋고 눈도 충혈되었으며, 얼굴 표정과 행동거지가 혼란하고 정신이 나간 사람 같은 모양이라 분명 신병이 발동했다 해서,

"언제부터 이렇습니까?"

"예, 한 3개월 전부터 가끔 헛것이 보인다고 하고 헛소리도 했으며, 꿈에 산발한 소복 여인이 나타나 자기한테 오라는 손짓을 한다고 하더니, 일주일 전부터는 다 죽어가고 있습니다. 하도 행동이 이상해서 선생님 소문을 듣고 이렇게 데리고 왔습니다."

하여, 사주를 풀이해 보니 올해는 신기가 발동하는 운세이고, 얼마 전엔 남편과 이별운이다.

"동생이 남편 잘못 만나서 고생 많이 했네요. 헤어지길 잘 했습니다."

"예, 맞습니다. 제부가 도박에 정신이 팔려 직장도 그만두었답니다. 동생이 시집가기 전에 돈을 좀 모았는데 그것마저 다 털어먹었다고 합니다. 그래서 어떻게 사는지 연락이 없어 가 봤는데 꼴이 말이 아니었습니다. 배도 곯고 두들겨 맞고 해서 제 형부가 시골집에 데려다 놓은 뒤 강제로 이혼을 시켰습니다. 이 애가 그때 받은 결혼 생활의 충격으로 이러는지도 모르겠습니다."

"예, 신병이 발생하는 이유는, 첫 번째 신병이 발동하는 운세일 때, 두 번째는 정신적·육체적 고통으로 몸과 정신이 많이 약해져 있을 때, 세 번째는 전생에 신병을 앓은 전력이 있을 때, 네 번째는 집안 내력으로 이런 현상이 있는 것인데, 동생은 첫 번째와 두 번째가 해당 사항입니다."

"그러면 이 일을 어찌하면 좋을까요? 정신만 돌아오게 해 주십시오."

하여, 마음을 가다듬고 기문둔갑으로 괘를 내어보니 신을 받아서는 안 될 운명이고 풀어먹을 수도 없는 운세이다. 하나 정신만 바로 잡아주면 앞으로의 운세가 재물운이 상당히 발복하는 괘이다. 따라서 잡신을 물리치는 신방과 사문방을 막아주고 개문방을 열어주는 기문의 부를 하였으며, 귀신을 내몰아치는 방법을 하여 물에 타서 먹이기를 3일 동안 하였다. 또한 가정 생활에서의 주의할 점, 자신의 운세를 바꿔주는 방법·방향·행동까지 알려 주었다.

"동생의 건강이 원만해지면 노점에서라도 장사를 한번 시켜 보십시오. 앞으로 재물복이 발복해서 돈 버는 데 재미 붙여 열심히 움직일 것이고, 그러므로 몸이 건강해지면서 자연스레 정신도 강해지니까 귀신은 범접을 못 할 것입니다. 그렇게 하도록 옆에서 도와주십시오."

"예, 잘 알았습니다. 고맙습니다."

그후,

"안녕하세요. 저희 기억하시죠? 그 뒤로 동생 건강이 좋아졌어요. 그래서 저희 사는 곳에 5일장이 서는데 동생이 노점에서 마늘·깨·파 등을 파는 장사를 시작했었어요. 요즘은 도로망이 좋아져 도시 사람들이 몰려와 거의 매일 장이 서다시피 해 장사가 번창해서 조그만 가게도 하나 샀고, 또한 결혼도 준비 중이라 궁합을 보러 왔습니다."

"아하! 예, 잘 오셨습니다."

자신을 이해하고 실천할 수 있는 힘이 성공의 열쇠이다. 지금 하고 있는 일이 무엇이든 그 일상에서 자신의 가치를 찾으라. 우리의 존재와 재능, 목표 달성을 위한 노력은 너무도 소중하다. 그러나 우리가 있어야 할 자리에 없다거나, 최선을 다 하지 않을 때 그 결과는 불을 보듯 뻔하다. 최선을 다 하라. 그러면 기필코 좋은 결과를 얻을 수 있을 것이다.

열정은 세상을 활기차게 한다

둘러보면 열정을 잃어버린 사람들이 너무도 많다. 그들은 살아가는 재미를 잃어버린 것이다. 그들도 한때는 미래를 열광하고 실현시키고 싶은 바람과 이상이 있었으나 지금은 열렬한 애정이 식어버렸다. 나 자신의 삶을 돌아보다 점점 열정이 졸아드는 느낌을 받는다. 어느 한 시절에는 결혼 생활에 기쁨이 가득했다. 그러나 지금은 그저 정 때문에 살고 있다. 한때는 일에 열정적이었다. 그러나 요즘은 지루하고 따분하고 몸도 무겁다.

"뭐가 뭔지 모르겠어. 다 귀찮아. 마지못해 시늉만 할 따름이야."

원래 인생이 그런 것이다. 노력하지 않으면 정체될 수밖에 없다. 스스로 추스르고 매일같이 새로운 열정을 보태어 채우라. 대단한 일이 있어야만 삶의 열정이 만들어지는 것이 아니다. 완벽한 직장과 화목한 가정에서 살고 있지 않아도 마음먹기에 따라서 나날을 열정적으로 살아갈 수 있다.

열정을 가득 품고 살라

'열정을 품고 있는가?'

'멋진 꿈을 가지고 있는가?'

'아침에 일어나면 열정을 지니고 하루를 시작하는가?'

몸과 마음에 열정을 가득 품고 살아가면 어떤 놀라운 일이 벌어질지 모른다. 마지못해 호출되어 일하기 싫다고 불평만 늘어놓기보다는 얼굴에 미소를 띠고 발걸음도 가볍게 그 일을 즐기면 누군가 힘을 써 도와줄지도 모른다. 아니면 훨씬 가벼운 마음으로 일을 할 수 있을 것이다. 열정이 있기에 일도 더 빨리 끝날 것이다. 열정적인 삶을 살아가면 생각지도 못한 행복과 쉼을 경험하게 될 것이다.

"나는 그 일을 생각해도 지겨워요."

"충동을 억누르면 견딜 수가 없어요."

"직장 동료들이 전혀 마음에 들지 않습니다."

어디선가 많이 듣던 소리이다. 우리의 입에서 이런 불평불만이 쏟아져 나온다면 먼저 그 태도를 바꿔야 한다. 지금 직장이 있다는 사실 자체를 고마워하라. 천우신조의 기회에 어찌 감사하지 않고 열정을 품지 않을 수 있겠는가. 인생은 어느 순간에 있던지 한 부분만 노력해서는 안 되며 모든 것에 최선을 다 해야 한다.

언제나 최고의 열정과 실력을 발휘해서 기운차게 움직여라. 우리의 긍정적인 태도와 열정·기쁨·친절·믿음을 보고 뭇 사람들도 더불어 희망의 미래를 향해 전진하고 있는가, 아니면 부정적인 태도와 비통·비판, 낙심적인 자세가 마음 속에 굳어져 누구도 다가오기 싫은 사람이 되어 버렸는가. 아무도 이런 사람 곁에 있고 싶어하지 않는다. 더 나은 삶을 살고 싶다면 자신의 삶에 대하여 열렬한 애정을 품으라.

스스로 나서서 자신을 독려하고 이끌어 나가라

뭇 사람들이 실망과 불만 때문에 자기의 형편과 전도를 돌보지 않거나 주위에 우리를 격려해 줄 사람이 없을 때에는 스스로 나서서 자신을 이끌어 가라.

"다른 사람이야 어떻든 상관없어. 나만큼은 인생을 열정적으로 살 거야. 열정의 불덩이가 꺼지지 않도록 기운을 북돋워서 용기를 낼 거야. 나의 꿈이 반드시 이루어지도록 열심히 기원하고 노력할 거야."

"진급 심사에서 두 번이나 누락이 되었습니다. 이번에는 장군 진급이 가능할까요?"

한 육군 대령의 말이다.

"이번에는 ○○정당의 공천을 받을 수 있을까요?"

정계에 진출하려는 법조인의 질문이다.

"이번에 제가 만든 영화가 히트를 칠까요?"

유명 영화 감독의 물음이다.

"이번 수임한 사건의 재판에서 승소할 수 있을까요? 제 자존심과 명예가 걸린 일입니다."

한 변호사의 질문이다.

"금번에 추진 중인 해외 건설 공사를 수주할 수 있을까요?"

건설 회사 대표의 간절한 말이다.

"예전에 근무했던 병원에 복직이 될까요?"

영업이 부진하여 의원을 폐업하고 본디 근무했던 병원으로 되돌아가려는 성형외과 의사의 하소연이다.

이들 모두 내·외적인 면은 출중하지만 자신의 가치를 확신하는 열정이 부족했기 때문에 그 뜻을 이루지 못한 것이다. 그래서,

"인물도 좋고 사주팔자도 좋지만 '내가 과연 해낼 수 있을까?' 하

고 자신을 의심하기 때문에 그 뜻을 이루지 못한 겁니다. 할 수 있다는 자신감을 가지고 묵묵히 대처해 나가십시오. 반드시 성공합니다."

이들은 지금도 장군으로, 국회의원으로, 영화 감독으로, 변호사로, 건설 회사 대표로, 성형외과 의사로서 자신들의 본분을 잊지 않고 열심히 살아가고 있다.

인생의 어려운 순간은 대부분 시험의 순간이다. 신神께서 우리의 거친 모서리를 깎아 반드러운 대리석으로 만들려고 하신다. 이 시기에 고집스럽게 제 의견만을 주장한다면 시험 기간만 길어질 따름이다. 하늘의 그런 뜻을 헤아려 열성적이고 진정한 삶이 익숙해지도록 생활화하라.

진실한 사람이 되기 위해 노력하라

앞서 나가기 위해 타협하고 나를 위해 남의 평판을 훼손한다면 당장은 이익일 것 같지만 결국 돌아오는 것은 번거로운 일뿐이다. 우리는 자신이 내린 결정에 대해 책임을 질 줄 알아야 한다. 나는 당신이 문 뒤에서 무엇을 하는지 모르고, 당신도 내가 문 뒤에서 무엇을 하는지 모른다. 그러나 진실이 있다면 공석이든 사석이든 똑같은 모습일 것이다. 대중 앞에서는 선한 모습을 하고 돌아서면

추악한 얼굴로 바뀐다면 결코 진실한 사람이 아니다.

작금의 시대에서 많은 사람들이 양심을 저버리고 쉬운 길을 택하고 있다. 우리는 그러한 풍토에 물들지 않고 진실한 정신의 소유자로서 남다른 재능과 바른 처신을 드러내야 한다. 오늘을 온전히 살려면 작은 일부터 온전히 실천하라. 불성실한 타협이 우리를 완연한 모습에서 멀어지게 하고, 작은 실수가 우리를 최고의 지위에 오르지 못하게 한다.

이 세상은 우리가 적당히 속여 넘겨도 사회의 잣대로 용인될 수 있는 부분이 너무도 많다. 사회의 공정 거래에서 진실성을 타협하고도 아무렇지도 않은 듯 가장할 수 있으며, 정직하지 못한 행동을 할 수도 있고, 도덕성을 저버리고 살아갈 수도 있다. 그러나 문제는, **'얼마나 높은 위치에 이르고 싶은가'**이다. 진실성이 결여되어 있다면 절대로 최고의 지위에 오를 수 없다.

'스스로 옳은 일이라고 믿는 바를 행하라.'

뛰어난 점이 없는 보통의 수준에 만족하며 근근이 살아가기보다는 한 걸음 더 나아가라. 만일에 윤리 규범에 어긋난 행동을 했더라도 잘못을 인정하고 참다운 행동을 실천하면서 최대한 잘못을 바로잡으라. 거짓되고, 게으르고, 평범하고, 싱거운 인생을 정리하고 보다 높은 곳으로 나아가라.

진실된 삶과 인생의 성공은 더불어서 돋아나는 새순과 같다

'진정한 삶을 위해 불편함을 감수할 수 있겠는가?'

'일단 한 약속은 가능하면 지키려고 노력하는가?'

진정한 삶과 인생의 성공은 같은 시기에 더불어서 돋아나는 새순과 같다. 옳은 길로 가면 지는 것 같아도 결국은 승리하게 되어 있다. 양심의 소리에 귀를 기울이라. 도덕적인 가치를 판단하여 바르게 행하려는 의지를 키우라. 비합리적인 방법으로 타협을 하는 것은 양심의 신의를 저버리는 일이다.

한 대기업의 외무사원이 고민을 털어놓았다.

"선생님, 진정한 인간이 되고 싶습니다. 그러나 제가 진실을 말한다면 많은 고객을 잃게 될 것입니다."

"아닙니다. 한결같이 옳은 일을 하면 일부의 고객을 잃을지 몰라도 종내는 신용이 쌓여 더 많은 고객을 확보할 겁니다."

모 증권회사에 근무하는 한 직원은 이렇게 하소연한다.

"선생님, 제 동료들은 사실을 다르게 꾸며 거짓된 말만 하고 고객을 기만하는 데도 승승장구합니다. 저보다 한참 앞서 나가고 있습니다."

"부러워하지 마십시오. 그들은 조만간 제 꾀에 자신이 넘어갈 겁니다. 당신이 진정한 양심을 굳게 지킨다면 길게는 큰 성과를 거두고 그들보다 앞서 나갈 겁니다. 당신이 비정상적인 타협을 거부하고 바른 길을 걷는다면 결국 승리를 쟁취할 겁니다. 그러나 그들과 같이 고객의 뒤통수를 치고 이리저리 잔꾀만 부린다면 당장은 이익일 것 같지만 끝에 가서는 훌렁 거덜이 날 겁니다."

우리의 진정성은 매일 시험을 거친다.

"에이, 그것은 악의 없는 사소한 거짓말이지 않습니까. 남에게 피해를 주는 것도 아닌데요."

그렇지 않다. 진실을 말하지 않으면 그것은 정직하지 않은 것이다. 감언이설로 고객을 속이는 것과 사업적인 전문 기술로써 고객을 대하는 것은 다른 것이다.

함께 하는 삶을 영위하라

우리는 최고의 삶을 누리고 번영하기를 기대하지만, 정도가 심하면 자칫 이기주의로 흐르기 쉽다. 따라서 적절하게 베푸는 삶을 영위하면 개인주의의 모순 당착을 벗어날 뿐 아니라 이루 다 표현할 수 없는 기쁨을 누릴 수 있다.

오늘날 많은 사람들은 오직 자신만을 위해 살아간다고 자신 있게 말한다. 전혀 양심에 거리낌이 없다. 주변의 사람들한테 일체 관심이 없고 어려운 처지의 사람을 도울 여유도 없다. 자신에게 무엇이 필요하고 자신에게 무엇이 이로운지가 유일한 관심사이다. 바로 이런 마음의 자세가 오늘을 온전히 사는 데 가장 큰 걸림돌이다. 이기적인 삶은 우리를 슬프고 끔찍한 생활로 몰아간다. 아무리 많은 수익을 올려도 결코 만족감을 얻지 못한다.

사랑과 행복을 나눌 수 있는 기회를 모색하라

아무리 돈과 명예가 있어도 감정이 행복하지 않으면 불행한 것이다. 그러므로 사랑과 행복을 뭇 사람들과 나눌 수 있는 기회를 적극적으로 모색하라.

얼마 전에 자기 자신에게 극도로 실망하여 삶을 포기하다시피 한 사람이 찾아왔다. 그는 한때 남부럽지 않을 만큼 성공했지만, 한 번의 잘못된 선택으로 사업과 가족·부동산 등 평생 이룬 재산을 몽땅 잃어버린 상태였다. 필자는 깊이 좌절한 그의 마음을 추슬러 주기 위해 몇 가지의 실질적인 조언을 했다.

"행복한 삶을 되찾고 싶다면 당신이 저지른 실수와 잃어버린 모든 것을 잊도록 노력하십시오. 그것은 자신의 문제에서 벗어나야 하기 때문입니다. 현재의 고통이 크다 해도 당신보다 더 큰 어려움에 봉착되어 있는 사람이 너무도 많습니다. 당신보다 더 가슴 아픈 사연을 안고 살아가는 사람들이 있다는 걸 인식해야 합니다. 이제부터 무조건 밖으로 나가 곤경에 처한 사람들을 위해 봉사하십시오. 그 곳은 양로원이나 장애인보호 시설일 수도 있고 노숙인 쉼터일 수도 있습니다. 당신은 누군가의 삶을 바꿀 수 있습니다. 남의 괴로움을 덜어 주고 그 사람에게 새로운 힘과 소망을 넣어 주십시오. 그리하면 현재 당신이 처한 본질을 이해할 수 있을 겁니다."

그 사람은 내 말을 가슴 깊이 새기겠다고 약속했다.

그 뒤, 몇 달 후에 그가 모습을 나타냈다. 기쁨으로 가득찬 얼굴이 환하게 빛나 보였다.

"아니, 무슨 좋은 일이 있었기에 이렇게 완전히 다른 사람이 되었습니까?"

그는 눈시울을 붉히면서 말했다.

"선생님, 지난 4개월간 의지할 데 없는 노인을 구호하는 시설에서 봉사 활동을 하며 지냈습니다. 힘은 들었지만 너무도 행복한 시간이었습니다. 저는 평생 제 자신만을 위해 살아왔습니다. 어떻게 하면 더욱 행복해질 수 있을까 고민하며 살아왔지요. 이제 비로소 진정한 행복이 무엇인지 깨달았습니다."

현재의 자신을 잊고 남을 돕기 시작하면서부터 그의 인생관이 바뀌기 시작한 것이다. 그는 이후 사회복지 시설에 두부를 납품하는 사장의 배려로 그의 회사에서 일하다가 현재는 서울시 행복기금의 도움으로 직접 두부 공장을 운영하고 있다.

나보다 더 어렵게 사는 사람들을 돌아보라

'우리는 단순히 자신의 만족뿐 아니고 남에게 베풀기 위해서 부름을 받았다.'

이 진리를 깨닫지 못한 사람은 신께서 주신 풍성하고 기쁨 가득한 삶을 잃어버린 사람이다. 우리가 남에게 도움의 손길을 내밀면 신은 반드시 우리의 필요함을 채워주신다. 지금 사는 재미가 없다면 자신의 문제를 잠시 잊고 주위 사람들의 어려움을 돕는 일을 하라. 외로움을 느끼고 있다면 한탄만 하지 말고 외로운 처지에 있는 사람들을 도우라. 금전 문제로 골머리를 앓고 있다면 우리보다 더 적게 가진 사람을 돌아보는 것이 최선의 해결책이다.

많은 사람들이 꽉 쥔 손을 놓지 않고 살아간다. 가진 것을 움켜쥐는 데만 정신이 팔려서 인간 본연의 실체를 잃고 있다는 사실을 깨닫지 못한다. 돈과 자원과 시간에 대해 바로 이기적인 사람들이다. 우리는 어떠한가?

'혹시 보다 나은 삶을 살기 위하여 무엇을 사고파는 데만 정신이 팔려 있지는 않은가?'

그렇다면 지금이라도 꽉 움켜쥐고 있는 손의 힘을 풀어라.

"그런데 저는 아무것도 줄 것이 없는데요."

라고 말하는 사람이 있다.

'절대 그렇지 않습니다.'

조금만 생각해 보면 줄 것이 너무도 많다. 자진해서 남에게 웃음을 선사할 수도 있고, 누군가에게 격려의 메시지를 보낼 수도 있고, 쉼터나 복지 시설을 방문해 자원 봉사를 할 수도 있다.

세상에는 도움의 손길이 필요한 사람들이 도처에 산재해 있다. 사람들에게 공덕과 이익을 베풀어 주며 중생을 구제하는 일은 인간 본연의 영적 원칙이다. 그리고 남에게 베푸는 선은 반드시 우리에게 되돌아오게 되어 있다.

우리는 고난과 압박에 의해서 꾸준히 성장한다. 먼 훗날 우리 인생의 처절했던 순간을 되돌아보면 그런 시련을 통해 단련이 되었다는 것을 깨닫게 될 것이다.

큰 마음을 품고 자비를 실천하라

누군가 우리에게 화를 낼 때 같은 방법으로 반응하기보다는 자비를 보이는 게 어떠한지, 어떠한 상황이든 큰 마음을 품고 친절과 격려의 말을 할 수 있어야 한다. 더구나 상대방이 그럴 만한 사정이 있을지도 모른다.

'배우자가 불치병에 걸렸거나 자녀가 집을 나갔을 수도 있다.'

누군가 우리에게 어처구니없는 실수를 저질렀을 때가 상처받은 심정을 도울 수 있는 절호의 기회이다. 누군가 우리에게 무례한 언행이나 몰지각한 행동을 할 때에는 상대에게 풀리지 않는 고민거리가 있음을 직감하라. 해결하기 어려운 골칫거리나 분노를 품고 있음이 분명하다. 이때 우리가 똑같이 처신한다면 상황을 악화시키는 결과를 맞는다. 남을 어떻게 대하느냐에 따라서 우리가 어느 정도 성공할 수 있을지도 판가름이 난다.

'친절하고 배려심이 있는 삶을 살고 있는가.'

'따뜻한 마음이 담긴 언행을 사용하는가.'

남을 푸대접하면서 우리의 성공을 기대할 수 없다. 몰인정하고 예의가 없는 사람은 승리의 삶을 살 수가 없다.

그 누구의 좋은 점을 찾아내는 것이 진정한 사랑이다

"선생님, 얼마 전 저희 아들이 횡단보도에서 교통사고로 상해를 입고 병원에 입원 중인데, 가해자측 부인이 와서 애걸복걸 사정을 하길래 고약스럽게 보였지만 착실한 사람 같아서 배상금도 제대로 못 받고 합의를 해 주었습니다. 제가 한 일이 과연 잘 한 일인가요?"

사십대 후반쯤 되는 아기 아빠의 토로이다.

"그래요. 마음고생이 많으십니다. 그렇지만 합의를 해 준 것은 아주 잘 한 일입니다."

사랑은 사람의 허물을 덮는다. 그릇되고 잘못이 있는 사람을 사랑하기는 어렵지만, 그 누구의 좋은 점을 찾아내는 것이 진정한 사랑이다. 악을 악으로 갚는 일은 누구나 할 수 있다. 그러나 상처받은 마음을 어루만져 주고 은혜를 베풀어 자비를 실천하는 것이 곧 나 자신이 승리하는 방법이다.

가끔은 '나만 손해 보는 것이 아닌가?' 하는 생각이 들기도 한다. 가정에서는 배우자와 자녀들로부터 따돌림을 당하는 것 같은 느낌이 들고, 회사를 위해 평생을 받쳤더니 이제 나이를 먹으니까 명예퇴직 이야기를 꺼내기 시작한다.

'나만 착하게 살려고 발버둥을 치는 것 같다. 사람들은 우리가 고분고분하고 베풀기 좋아한다는 것을 알고 내게 감사하기는커녕 나를 이용하려고만 든다. 세상에서 나만 박애주의자이다.'

우리가 손해를 감수하면서 선을 베풀 때 종종 그릇되게 해석하는 부분이 있다.

"사람들이 나의 권리를 침해해도 감수해야지."

"사람들이 나를 이용해도 꾹 참아야지."

"사람들이 나의 인격을 무시하고 내 것을 빼앗아도 무조건 인내해야지.”

이런 마음을 가지고 있다면 그 관념을 바꾸라.

“하지만 나는 너희가 한 일을 모두 알고 있다. 그러나 선을 베푸는 것은 내가 좋아서 하는 일이지, 남에게 내보이기 위해서 하는 것이 아니며, 무엇을 바라고 하는 것도 아니다. 또 일손을 놓고 남에게 베푼 고마움은 우리에게 다시 돌아온다고 생각하지도 않는다. 다만, 우리의 선행은 그대로 잊혀지는 법이 없다. 초자연적인 은혜가 우리를 감싸고 예기치 못한 축복이 찾아올 것이다.”

라고 인식하라.

자비와 배려를 실천하라

하루는 오십대 후반의 부부가 방문했다.

“선생님, 아기 이름을 좀 지어주세요. 시집도 안 간 저희 딸이 낳은 아기인데 이름이라도 지어서 입양 보내려고 합니다.”

그러나 다행히도 아기는 엄마·할아버지·할머니와 합이 있어 함께 하면 온 가족이 상생하는 기운이다.

“아기가 엄마와 할아버지 할머니하고 인연이 깊어서 입양하지 않고 키우면 집안이 불같이 일어나고 좋은 일이 많겠습니다. 아기를 그냥 키우세요.”

“그렇지만 딸이 결혼하는 데 지장이 되지 않을까요?”

“아닙니다. 요즘 젊은이들은 개화되어서 서로 사랑하면 그만이지 그런 일은 개의치 않습니다. 걱정 마십시오. 그리고 할아버지 할머니가 생활 능력도 있으시고 시간적인 여유도 있으시니까 딸이 결혼하면 아기를 직접 키우시면 될 것 아닙니까."

"알겠습니다. 그러면 선생님 말씀대로 하겠습니다. 저희도 죄책감으로 무척 괴로웠는데 이제 마음이 편안합니다. 정말 고맙습니다."

어린이는 나라의 근간이며 미래이다. 특히 해외 입양의 중단 및 미혼모의 생활 보호, 아동 학대에 대한 문제는 국가적인 차원에서 단호한 해결책이 모색되어야 한다.

매스컴에 이따금 생활고로 인해 일가족이 함께 세상을 등지는 기사가 보도되는데 참으로 개탄스러운 일이 아닐 수 없다. 제아무리 인생이 힘이 들어도 살려고 하면 반드시 빠져나갈 구멍은 있다. 또 죽는다고 모든 일이 해결되는 것도 아니다. 현생에서 못다 한 일은 죽어서도 풀어야 한다. 겁먹은 영혼은 저승길에 들어서지도 못하고 어두컴컴한 우주 공간의 뒤곁에서 몇 백 년을 고통스럽게 헤맨다. 뻔뻔하고 악착같이 살아라. 그리고 찬찬히 궁리해 보라. 틀림없이 헤쳐 나갈 수 있는 길은 있다.

자비를 실천하는 사람은 큰 복을 받는다. 나라 사랑·가족 사랑·이웃 사랑을 행동으로 옮기는 사람은 큰 복을 누리고, 나라 원망·가족 원망·이웃 원망을 일삼는 사람은 그 원망이 마음 속까지 파고들어가 큰 불행을 면하지 못하리라.

오늘 이 순간에 최선을 다 하라

아무리 좋은 일이라도 우리를 영원히 행복하게 할 수는 없다. 잠시 우리에게 기쁨을 줄 수는 있지만 곧 효과는 떨어지고 새로운 자극제를 찾게 된다.

"조그마한 집만 장만해도 행복할 거예요."

라고 말했던 사람들이 몇 년이 지나면,

"명품 아파트 한 채만 구입하면 행복하겠지요."

라고 말한다. 그러나 몇 년이 더 지나도 상황은 달라지지 않는다.

"이제 상가 건물만 취득하면 제 인생을 즐길 수 있겠네요."

행복할 이유만 찾는 사이에 인생은 유수와 같이 흘러간다.

자칫하면 모든 문제를 해결하고 평온한 상황이 찾아올 때까지 인생의 행복과 기쁨을 미루며 기다림에 지쳐가는 상황에 처할 수 있다. 문제가 해결될 때까지, 배우자의 믿음이 좋아질 때까지, 자녀의 마음이 바뀔 때까지, 사업이 번창할 때까지, 주택 대출금을 모두 갚을 때까지, 욕구가 충족되어 충분한 만족과 기쁨을 느낄 때까지 행복을 미루고 또 미루는 것이다.

'지금 당장 행복해지면 안 되는가. 평생 인고의 세월 보내다가 죽음의 목전에 이르러서야 돈과 명예, 일말의 성공마저도 영원한 행복을 줄 수 없다는 사실을 깨칠 것인가. 오늘을 감사하고 하루하루 삶의 여정을 즐기는 마음의 여유를 갖추어라.'

내일은 어떻게 될까 걱정하지 말고 지금 이 순간에 최선을 다 하는 것이다. 물론 미래를 예측하고 목표를 세우며 예산과 계획을 확실하게 정하는 것은 반드시 소용이 있다. 그러나 항상 미래 속에서 살아간다면 자신의 뜻대로 현재를 설계할 수 없다. 바로 오늘을 열심히 살고, 또 내일이 되면 다시 하루를 살 수 있는 힘이 생기게 마련이다. 인생을 살다보면 좋지 않은 일도 나타나고, 상황이 우리의 생각대로 풀리지 않기도 한다. 그러나 그런 때일수록 행복을 누리기로 선택하는 과정이 더욱 절실하다. 행복은 우리가 느끼는 감정이 아니고 의식적으로 내리는 선택이기 때문이다.

오늘은 우리가 원하는 수준에 이르지 못할 수도 있고, 직장이나 가정 생활도 완벽하지 않을 수도 있다. 그러나 오늘이 인생의 마지막 날이라고 생각하고 최선을 다 하자. 오늘 일을 내일로 미루는 것은 운명의 신이 주는 보상도 내일로 미루어진다는 것을 알아채야 한다. 오늘은 오늘밖에 없다.

현실에 만족하는 법을 배워라

현실에 만족한다고 해서 인생의 험난한 여정을 숙명적으로 받아들이고 현재의 상황이나 처지에 눌러앉으라는 뜻이 아니다. 노력하지 않고 평범한 수준으로 머무르라는 뜻도 아니다. 모든 것은 뜻대로 이루어지지 않는다. 원하는 것을 모두 소유할 수도 없고, 현실도 우리의 생각대로 돌아가지 않는다. 그러나 그 어떠한 상황에도 무관하게 현실에 자족하는 법을 터득하지 않으면 결코 원하는 곳에 이를 수 없다.

인생을 더 좋은 방향으로 바꾸려면 열정과 소망을 버리지 말고 어떠한 고난이 찾아와도 행복하고 만족한 삶을 살기로 작정하라. 세상이 우리를 푸대접한다고, 항상 남에게 뒤지고 있다고 낙심천만한 그런 비관적인 태도는 우리를 영원히 현재의 상태에 붙잡아둘 것이다. 스스로 발전하고 있다는 신념을 가지고 어떠한 상황에서도 행복을 선택하라. 밑바닥 생활을 경험하지 않고 삶의 정상에서 원하는 모든 것을 향유할 수 없다. 눈물 젖은 빵을 씹어 보지 않고는 성공의 열매를 맛볼 수 없는 법이다.

"고달픈 인생살이에 정신적 고통이 너무 심하지 않은가."

"직장에서 정당한 대우를 받고 있지 못하는가."

"배우자나 자식이 도대체 말을 들어먹지 않는가."

"밤낮없이 일을 해도 먹고 살기 힘이 드는가."

그래서,

"이 세상을 원망하고 저주하면서 모든 것을 끝내고 싶다."

라는 생각이 드는가? 이때는 내가 믿는 신앙의 대상에 믿음을 가지고 구원을 청하라. 진솔한 마음으로 구원하면 소망은 이루어진다. 종교가 없다면 기도할 대상은 자아 의식이다. 자기 자신은 우주의 궁극적인 근원이면서 만물 속에 깃들여 있는 신적 자아이기 때문이다.

"악하고, 어리석고, 비천하고, 덧없는 곳에서 저를 구해 주소서. 지혜와 평화와 순결한 덕으로 제 영혼을 채워 주시고, 거룩하고 충실하며 결코 시들지 않는 축복을 주소서."

라고 자신한테 기원하라.

인생의 여정에서 누구나 시련은 찾아오기 마련이다. 문제는 그 시기를 어떻게 넘기는가이다. 가장 좋지 못한 자세는 갈팡질팡 방황하는 모습이다. 위기에 몰렸으면 기회도 있는 법, 시련에 처했을 때가 자신을 단련시킬 수 있는 절호의 기회이다.

'초조해 하지 말고 느긋한 마음으로 힘을 기르라. 그리고 때를 기다리라.'

신이 인간에게 주는 고난과 역경은 견디어 이길 만큼 주는 것이지 결코 죽을 만큼 주는 것은 아니다.

'다른 꽃보다 앞서 피는 꽃은 지는 것도 빠르다.'

라는 이치만 터득하면 도중에 주저앉을 염려도 없고, 공을 세우기에 급급하여 초조해 하지도 않을 것이다.

운명을 바꾸는 방법

운명의 개척은 끊임없이 성장하고 싶어하는 인간으로서의 기본적인 욕구를 마음에 그리며, 좀더 발전하기 위한 높은 이상과 지금 곧 이루어야 할 목표를 조절하면서 꾸준히 노력하는 것이다. 남이 알아주지 않아도 자진하여 최선을 다 했다는 보람을 느낄 수 있다면 그것으로 족하다. 이것이 바로 깨달음이요, 자각이다.

인간사의 길흉화복은 자기 스스로가 만드는 것이다. 흉액을 피해 가는 법을 안다면 화가 변하여 복이 되리라.

● 공덕功德이 운을 만든다.

운명의 법칙에는 외상도 없고 공짜도 없다. 현생現生에서 먹고 노는 사람을 보고 부러워하지 말라. 이 사람들은 전생前生에서 많은 덕을 쌓았거나 그 부모가 덕을 쌓은 까닭이다. 그러나 현생에서 놀고먹고 삼가는 태도가 없이 방자한 행동을 한다면 다음 생에서는 축생으로 태어나 고통을 받게 되리라.

● 심은 대로 거두는 것이 운이다.

정직하게 사는 사람은 복을 받고 악한 일을 하는 사람은 화를 입는다. 좋지 않은 행동을 하는 사람이 한때는 잘 되는 것처럼 보이는 것은, 촛불이 마지막으로 타들어갈 때 큰 빛을 발하는 것과 같이 순간적인 것이므로 만에 하나라도 부러워하지 말라. 그 마음이 불행의 씨앗을 만든다.

● 흥분과 비관은 마음의 병이다.

생활하면서 감정이 가벼이 흔들려 일희일비하지는 않는지, 아주 비관하거나 쉽게 흥분하는 것은 아닌지, 이상하게 마음이 오그라 들고 들뜨는 것은 아닌지 살펴야 한다. 특히 잘 비관하고 쉽게 흥분하는 것은 병적이라서 큰 일을 할 수가 없다. 이런 사람은 환경에 지배되기 쉬우며, 자신의 주체성을 잃기 쉽다. 돌림병에 자주 걸리는 것과 같다.

● 근면·성실하고 검소하라.

부지런한 개미처럼 성실하게 일하며 검소한 사람은 복을 받고, 사치하며 유흥에 빠진 사람은 몰락하는 것이 하늘의 이치이다. 한강물도 퍼 쓰면 줄어드는 법이거늘, 운이라고 다를 바가 없다. 작은 부자는 근면이 만들고, 큰 부자는 하늘이 내리는 것이니, 없다고 원망하지 말고, 근면·성실·검소를 생활화하라.

● 자신을 극복하라.

내가 나를 이기지 못하면 누구를 이기겠는가. 나를 이기는 자만이 모두를 이길 수 있다. 무사안일無事安逸에 빠진 자는 구제가 불능인 것은 자기 자신도 주체하지 못하기 때문이다. 극기克己를 하는 자는 어떠한 어려움도 그 앞에서 봄눈 녹듯 녹을 것이다.

● 모든 것은 말대로 이루어진다.

말에 세금이 붙지 않는다고 함부로 말을 해서는 안 된다. 한 마디 말을 해도 정성스럽게 하라. 성심성의껏 말을 하면 그 말은 행운을 만들어준다. 말대로 이루어진다는 한자의 말씀 언言변에 이룰 성成 자가 정성 성誠자 임을 깊이 새기라.

● 이것저것 머릿속에 집어넣고 고민하지 말라.

머릿속에 있는 것만이 현실로 나타나기 때문이다. 고민할 가치가 있는 것만 고민하라. 고민해서 해결되지 않는 것은 어서 포기하라. 그것이 새로운 운명을 만든다.

● 운명은 습관에 의해서 형성이 된다.

생각이 행동을 만들고, 행동이 습관을 만들며, 습관이 운명을 바꾼다. 따라서 운명을 바꾸려면 먼저 생각을 바꾸라. 바른 생각이 바른 행동과 좋은 습관을 만들고, 나아가서는 운명을 바꾸는 것이다.

● 지금 이 순간이 기회이다.

언젠가는 나에게 기회가 올 것이라고 생각하지 말라. 기회는 이 순간이다. 실력과 능력을 갖춘 사람들이 내일로 시기를 미루다 한 번도 기회를 잡지 못하고 늪으로 빠진 일이 얼마나 많은가. 지금 내가 있는 자리에서 최선을 다 하라. 그리고 잡아라. 결코 놓치지 말라.

● 건강한 육체에 건강한 정신이 깃든다.

성공하는 사람이 되고 싶다면 건강 관리에 유념하라. 건강하다고 해서 모든 것을 다 가졌다고 할 수는 없지만, 건강을 잃으면 모든 것을 잃는 것이다. 튼튼한 체력과 강인한 인내심이 있을 때 목표에 매진할 수 있다. 건강은 성공의 밑거름이라는 사실을 명심하라.

● 모든 일에 감사하라.

어떠한 고난도 이유 없이 오는 것이 아니며, 모두 까닭이 있는 법이다. 나무는 비바람 속에서 강하게 자라고, 다이아몬드는 지하 수천 척 깊은 땅 속에서 용암의 열기와 땅의 무게에 짓눌려 만들어진다. 이와 같이 고통이 없는 성장은 없다. 감사하는 마음으로 생활하라. 감사의 생활은 은혜의 증거이다. 삶의 고통을 견디어 이기라는 축복으로 받아들이는 자에게 행복이 찾아올 것이다.

이상의 운명을 바꾸는 방법 열한 가지를 마음에 굳게 새기고 실천할 때, 하늘은 우리를 미루어 생각할 수 없는 곳으로 인도한다. 그리고 우리는 최고의 인생을 맞이할 것이다.

2장

습성(習性)

습성은 버릇이 되어 버린 성질이다. 버릇이란 오랫동안 자꾸 반복하여 몸에 익어 버린 습관을 말한다. 습관은 성격을 형성하고, 성격은 인생을 결정짓는다. 하나의 행동이 여러 번 반복되어 잠재의식에 각인되면 습관이 된다. 곧 자신의 지식과 재능은 습관적인 행동의 결과물이다.

'세 살 버릇 여든까지 간다.'

라는 격언도 있지 않은가. 자신의 습관에서 자신의 미래를 예측할 수 있고, 좋은 습관이 결국 인재를 만든다.

우리가 인생의 시련기에 봉착했을 때,

"운이 없어서그래."

"시기가 적절치 않았어."

이런저런 핑계만 늘어놓는다. 그러나 우리가 정작 해야 할 일은 자신의 평상시에 언행을 살피고 잘못을 반성하며 개선하는 것이다. 매사에 신중하고 근검 성실하며 자신을 위해 노력하는 것은 좋은 습관이므로 더욱 키우고, 반면에 게으르고 무사 안일하며 책임감이 부족한 것은 나쁜 습관이므로 떨쳐 없애야 한다.

얼마 전, 중견 탤런트 김○○ 씨가 KBS 2TV '나를 돌아봐'의 2차 제작 발표회에 출연하여, 다수 영화에서 맡은 역할이 욕을 하는 역할이다보니 나도 모르게 집에서도 욕을 하고 있는 자신의 모습을 돌아보고 너무 놀랐다는 말을 듣고 전적으로 공감했다.

이렇듯 습관이란 인생의 초석이 되는 것이므로 어떤 습관을 지니고 있는가에 의해서 발전 가능성과 미래의 성패가 판가름이 난다.

'자신의 꿈을 이루고 싶은가?'

'성공하는 사람이 되고 싶은가?'

'위대한 업적을 남기고 싶은가?'

그렇다면 지금부터라도 좋은 습관을 기르도록 노력하라.

노력은 성공의 첩경이다

자신에게 결점이 있다면 개선하여 좋은 방향으로 이끌어가는 것이 성공에의 첩경이다. 우리의 재능과 인성은 별 문제가 없다 해도 견디어 내고자 하는 근성이 부족하고 주위가 산만하면 인간의 생존 경쟁에서 뒤처지기 마련이다.

'필자는, 인간은 누구나 자신이 되고자 하는 것을 이룰 수 있다고 믿고 있다.'

실제로도 사주팔자·관상은 빈천한 명이지만 자신의 적성에 맞는 직업 선택과 근면·성실·노력에 의해서 부유하게 사는 사람을 부지기수로 목격했다. 이것은 평범한 사람일지라도 소질을 개발하고 집중하는 힘을 기른다면 얼마든지 원하는 사람으로 성장할 수 있다는 것이다.

'조금만 더'라는 의욕이 없다면 발전도 없다. 게을러터진 사람은 하고자 하는 노력을 기울이지 않는다. 조금만 힘이 들어도 쉽게 포기하고, 할 수 없다는 말을 입에 달고 산다. 실제로 진지하게 실행해 보면 할 수 없는 일이 그리 많지 않은데도 아예 시도조차 하지 않는 것이다. 어려운 일과 불가능한 일은 엄연히 다르다. 조금 어렵다고 시도하지 않는 것은 단순히 태만하기 때문이다.

남보다 뛰어나고 남보다 돋보이기 위해서는 노력을 게을리하면 안 된다. 늘 민첩하게 행동하고 인내와 끈기가 있어야 한다. 다소 어렵거나 성가신 일에 맞닥뜨려도 피해 가거나 돌아갈 생각을 하지 말라. 도전 정신을 발휘하여 철저히 알고 넘어가겠다는 마음의 자세로 진지하게 받아들여라. 얻고자 하는 노력은 결국 커다란 재산으로 남는다. 어리석은 사람들이 흔히 말하는 그 일은 불가능하다라는 변명을 늘어놓지 말라. 정신적이든 육체적이든 인간이 할 수 없는 일은 거의 없다. 불가능하다고 말하는 것은 조금 더 인내하느니 인생의 낙오자로 사는 게 낫다고 말하는 것과 다를 바가 없다.

노력이라는 대가를 지불하지 않고서는 아무것도 얻을 수가 없다. 거대한 만리장성도 한 장의 작은 벽돌이 쌓여서 이루어진 것이다. 큰 성과를 기대하지 말고 끈기 있게 노력을 반복하는 것이 위대한 업적을 남기는 확실한 첫걸음이다.

'나는 할 수 있다는 자신감을 가지라. 자신감은 성공을 위한 활력소이다.'

많은 사람들이 성공하지 못하는 이유는 자신의 실력이 모자라거나 기회가 없어서가 아니고, 나는 성공할 수 있다는 자신감이 결여되었기 때문이다. 성공을 추구하는 과정에서 스스로를 믿는다면 필승을 다짐하는 신념이 생기고 인생 최고의 위치에 자리매김할 수 있다. 힘차게 외치라.

"노력하면 안 되는 일이 없다. 그 누구도 나의 성공을 가로막을 수 없다."

자신의 역량을 의심하는 소극적인 생각이 떠오르면 즉각 지워버리고 적극적인 생각을 끌어내라.

문제 해결의 핵심은 실패의 기억이나 생각을 되살리지 말고, 미래에 대한 희망적인 계획이나 구상을 전혀 의심하지 말라. 그 까닭은 실행하는 데 장애가 되기 때문이다. 이제부터라도 자신감을 기르고 그것에 항상 생기 있고 활발하며 적극적인 개념을 불어넣어라.

위기에 처했을 때 자신의 힘으로 극복하려는 사람은 그리 많지 않다. 그들은 불운한 처지를 어떻게 극복해야 할지를 모르기 때문에 역경의 압력에 굴복하고 만다. 그러나 자신의 역량을 잘 아는 사람은 어떻게 자신의 약점을 보강하면 좋은지를 알고 있다. 자신의 능력이나 가치를 확신하는 마음을 지닌 사람에게서 근심은 멀리 달아난다. 그것은 담대한 마음으로 자신을 강화하여 결국은 모든 것을 정복하기 때문이다.

사기史記의 내용 가운데 '의행무명疑行無名, 의사무공疑事無功'이란 글귀가 있다. 이 뜻은 무슨 일이든 자신감을 갖고 대처해야만 성공할 수 있다. 애매모호한 마음과 유유범범한 자세로 임한다면 성공도 명예도 얻지 못한다는 것이다.

시황제始皇帝의 진秦나라에 상앙이란 재상은 국정 개혁을 파격적으로 단행하여 강국의 기틀을 마련했다. 그 개혁을 추진할 때 상앙은 먼저 위의 글귀를 인용한 다음,

"부국이 되기를 원한다면 전례에 사로잡히지 말고, 관습에 구애받지 않아야 하며, 과단성果斷性이 있고 용기 있게 개혁을 추진해 나가야 합니다."

라고 진시황을 설득했다.

진시황을 납득시킨 설득의 변에서도 알 수 있듯이 상앙은 자세하

고 빈틈이 없는 계획과 목표를 향해 밀고 나아가는 실질의 중요성도 더불어 역설했다고 한다. 할 수 있다는 자신감은 견고한 토대가 마련되어 성공에 대한 확신이 설 때에 비로소 생겨나기 때문이다. 상앙의 정치력은 오늘날 우리나라의 제도 개혁을 주도하는 정·관계의 인사들도 본받아야 할 것이다.

사서오경四書五經 중의 '서경書瘞에 공숭유지功崇惟志, 업광유근業廣惟勤'이란 문구가 있다. 의미는 큰 사업을 성공시키기 위해서는 지志와 근勤의 두 가지 요건을 갖추어야 한다는 것이다. 지는 분명한 목적이고, 근은 지속적인 노력이다. 분명한 목적은 높고 클수록 좋다. 그러나 아무리 큰 목표를 세웠다 하더라도 그것을 실현시키기 위한 방법이 따르지 않는다면 이 또한 아무런 가치가 없다. 지와 근은 수레의 두 바퀴와 같다. 어떠한 목적을 이루기 위한 목표를 세웠다면 그 다음에는 오직 근면이 있을 뿐이다.

신중히 결정하고 과감히 실행하라

주위 사람들에게 자랑만 늘어놓고 행동으로 옮기지 않는 나쁜 습성은 없는가? 그들은 입버릇처럼 늘 이렇게 말한다. "내일 하지 뭐, 내일은 반드시 할 거야." 그러나 오늘이 내일이 되고 내일은 금세 모레가 된다. 이렇듯 매번 내일로 미루다 보면 성취되는 일은 아무것도 없다.

'성공하는 사람들은 심사숙고하여 결정하고 과감하게 행동으로 옮기는 특성이 있다. 신중한 생각과 과감한 행동은 그의 능력을 최대한으로 끌어올리고 발휘시킨다.'

열 가지의 부질없는 훌륭한 생각은 한 번의 실천적인 행동만 못하다. 계획만 잔뜩 세워놓고 실행을 하지 않으면 아무 소용이 없다. 성공을 위해서는 신중하게 생각하고 용기 있게 행동으로 옮기는 것이다. 열 가지의 훌륭한 생각이라도 한 번의 실질적인 행동에 비할 수 없음을 명심하라.

뛰어난 행동을 취하는 것이 대세는 아니니다. 그러나 적절한 행동의 시기가 성취의 질을 결정한다. 성공한 사람들은 난감한 처지에 접했을 때 도전 의식을 가지고, "그래, 나는 할 수 있어. 방법은 분명히 있을 거야"라고 외치며 적극적으로 자신을 격려한다. 그리고 방법을 찾아 끊임없이 전진하며 목적을 이룬다. 진취적인 생각과 적극적인 행동이 위대한 성공을 낳는 것이다. 생각과 행동은 똑같이 중요하다. 매일 무엇을 할까 생각만 하고 행동으로 옮기지 않는다면 그것은 단지 공상에 지나지 않는다.

망설이지 말라. 일단 목표가 정해졌다면 물소처럼 전진하라. 이미 결심은 했지만 주위의 반대 의견을 들을 때마다 마음이 흔들리는 사람은 변덕스러운 바람이 불 때마다 빙빙 돌아가면서 방향을 바꾸는 풍향계와도 같다.

하나의 의견에서 다른 의견으로, 이런 목표에서 저런 목표로 자신의 진로를 바꾸는 사람은 절대로 무엇 하나 훌륭하게 처리할 수 없다. 적극적인 행동이 그의 가치를 좌우한다. 바로 성공한 인사들의 비결이다.

'난관에 봉착했을 때 스스로 극복하는 방법을 터득하라. 인생이 평탄하면 목표 의식을 잃어버리기 쉽다. 몹시 거칠고 힘에 겨운 난국을 헤쳐 나왔을 때 비로소 무언가를 이루려는 굳센 의지가 샘솟는다.'

좌절은 인생길의 여정에 놓여 있는 하나의 장애물에 불과하다. 따라서 어려움에 부딪쳤을 때 용감 무쌍하게 맞서는 자세가 필요하다.

"그래. 어떠한 고난이 닥쳐와도 반드시 이겨내고 말 거야" 하고 선언하라. 절망과 좌절은 인생의 끊임없는 도전에서 강인하고 용기 있게 맞설 수 있도록 일깨워주는 근원이며, 성공한 사람들이 진정으로 빛나 보이는 것은 아무리 험한 길이라도 좌절하지 않고 맞서 나아갔기 때문이다.

그러나 대부분은 난관에 봉착했을 때 지레 겁부터 먹고 그에 맞설 용기를 잃고 만다. 세상을 그런 자세로 임한다면 우리는 영원한 실패자일 수밖에 없다. 그러나 삭막한 현실에 백기를 들고 순순히 굴복할 수는 없다. 침착하게 자신을 일깨우고 꿋꿋하게 인내하면서 용기 있고 자신감 있게 절망을 헤쳐 나갈 수 있는 방법을 모색하라.

난관을 극복하는 방법을 소개하면,

첫째, 자신보다 더 큰 좌절과 더 깊은 절망에 빠져 악조건에 처했던 사람들을 떠올려 보고 자신과 비교하면서 조금이라도 더 나은 점을 찾아보라.

둘째, 좌절감에 빠진 후 울적한 심정을 마음 속에 담아두지 말고 적절한 방법으로 발산시키라. 예를 들면, 절친한 친구와 환담을 나누거나, 답답한 심정을 토로하고, 등산·음악 등 취미 활동에 전념하면서 주의력을 분산시키라.

셋째, 어려움에 직면했을 때 한 단계 발전할 기회라고 생각하면서 낙관적으로 받아들이라.

어려움을 피해 갈 수 있는 사람은 아무도 없다. 따라서 그것에 이성적으로 맞서야 한다. 울적한 마음을 적절히 발산하는 것도 중요하지만, 감정에 치우치지 않고 사고의 이치를 논리적으로 생각하며 판단하는 능력을 갖추어야 한다는 것이다. 성공하는 사람들은 많은 문제와 어려움이 기다릴 것을 알면서도 기꺼이 새로운 일에 도전한다.

'인생의 갈림에 서 있는 우리는 혼란과 고통을 피해 갈 수는 없지만 그것은 훌륭한 스승이기도 하다.'

다시 일어설 수 있는 강인한 의지력과 굽히지 않는 정신, 그리고 좌절감에 굴복하지 않는 습성은 성공하는 사람에게 반드시 필요한 자질이다. 일상 생활에서 어려움에 부딪쳤다고 가던 길을 멈추거나 후퇴한다면 인생의 긴 여정에서 아무것도 이룰 수 없다. 절망과 좌절은 우리를 단련시킬 뿐만 아니라 현실에 맞설 수 있는 기회를 제공한다.

채근담에 '무시구안毋恃久安, 무탄초난毋憚初難'이란 문구가 있다.

즉, 지금의 안락이 지속되리라 생각하지 말고, 처음의 곤경을 애써 피하지 말라는 의미이다.

평안한 상태가 지속되면 종내는 마음이 느슨해져서 그 안락함이 언제까지라도 계속될 것으로 생각하게 된다. 그 결과 어려움이 닥쳤을 때 그만 혼란에 빠지고 만다. 이렇게 되지 않기 위해서는 평소부터 저항력을 기르고 물심 양면으로 소홀함이 없어야 한다는 것이다.

무슨 일을 하든 곤란은 있기 마련인데, 시작의 초기부터 곤경에 부딪쳤을 경우 지레 겁을 먹고 회피하려고만 한다면 그 속에서 결코 벗어날 수 없다. 돌파할 길은 분명히 있다는 확신을 가지고 끈기 있게 대처해 나가야 한다. 뻗어나가는 기운이 꺾이면 될 일도 안 된다. 고통과 시련 앞에서 머뭇거리지 말고 당당하게 맞서 나가라. 그리고 행운을 움켜잡아라.

서경書痙의 내용 중에 '불려호획不慮胡獲, 불위호성不爲胡成'이란 글귀가 있다. 이것은 깊이 생각하지 않으면 얻지 못하고, 행동으로 옮기지 않으면 이루지 못한다는 의미이다. 앞 구절은 도움이 되는 가르침을 받더라도 한 귀로 듣고 한 귀로 흘려 버리면 아무 소용이 없으며, 진실로 자기의 것으로 소화하기 위해서는 깊이 생각하라는 것이다. 뒷 구절은 머리로만 생각하고 실행에 옮기지 않는다면 아무리 깊은 지식을 쌓았다 한들 무슨 소용이 있겠는가. 실제로 행함의 중요성을 강조하는 말이다.

대수롭지 않은 것에 얽매이지 말라

대수롭지 않은 일에 얽매어 마음이 뒤숭숭하면 역정이 북받치고 심란한데, 이런 반응은 우리에게 좌절감을 안겨주는 데 그치지 않고 실제로 원하는 목적을 이루지 못하도록 훼방을 놓는다.

우리는 생활을 초를 다투는 비상 사태로 여기며 살고 있다. 일상의 문제를 해결하기 위해 바삐 돌아다니지만 뜻대로 해결되는 일은 거의 없다. 모든 일이 중요하게 생각되기 때문에 그 일을 처리하다가 결국 모든 인생을 허비하고 만다. 그러나 보다 편안한 마음으로 삶을 대하는 습관을 익힌다면 결코 극복할 수 없었던 중대한 일들이 훨씬 다루기 쉬운 문제로 느껴지기 시작할 것이다. 그리고 스트레스를 받을 만큼 복잡한 문제도 예전처럼 우리를 혼동 속으로 몰아가지는 않는다.

'다행히도 세상에는 인생을 풀어나가는 또 다른 길이 있다. 그 길은, 인생이란 것을 보다 쉽게 느끼고 그 안에서 편안하게 반응할 수 있는 부드럽고 온화한 길이다. 이 다른 삶의 방식은, 대응이라는 예전의 습관을 버리고 포용이라는 새로운 습관으로 바꾸는 것을 의미한다.'

대수롭지 않은 일에 목숨 걸지 말고 자비로운 마음으로 삶을 대하라. 어떤 문제에 봉착했을 때 안간힘을 쏟으며 대응하지 않고 그 문제를 자연스럽게 내버려둘 수 있다면 우리의 인생은 물 흐르듯 흘러간다.

우리가 사소한 일에 노심초사하지 않는 요령을 터득한다면 그것은 우리에게 엄청난 이익을 안겨 줄 것이다. 대수롭지 않은 일에 대처하는 데 삶의 에너지를 너무 많이 소비한 나머지 삶의 매력이나 아름다움과는 완전히 담을 쌓고 살아가는 사람들이 너무도 많다. 사소한 일에 목숨 걸지 않겠다고 다짐한다면 우리는 보다 너그럽고 유연한 삶의 활력소를 보유하게 된다.

사소한 것들에 대한 집착은 우리를 깊은 수렁에 빠트린다. 인생의 초점을 너무 가까운 곳에 맞춘다면 보다 넓은 전체의 의미를 파악할 수 없다. 인생의 사소한 부분을 뛰어넘어서 좀더 인생의 넓고 깊은 부분까지 통찰할 수 있는 기회를 놓치고 마는 것이다. 그래서 우리는 삶의 사소한 부분에 대해 초연할 수 있는 마음의 여유를 구비해야 한다.

'모든 것에 유연하게 대처하라. 인간들의 생활상에는 한번 정한 계획이 예기치 않게 변경될 수 있는 요인들이 너무도 많다.'

어떤 사람이 동의를 받지 않은 상태에서 나의 계획을 바꿀 수도 있고, "무엇을 하겠다"고 말한 사람이 그 일을 하지 않을 수도 있고, "실제로 될 것이다" 라고 생각했던 일들이 갑자기 계획이 취소되어 일어나지 않을 수도 있고, 처음 계획했던 것보다 시간적인 여유가 더 없을 수도 있고, 당초 예상했던 것보다 성과가 적게 나는 등 생각하지 않았던 일들이 불쑥 일어난다. 이럴 경우 진실로 중요한 게 무엇인지 우리 자신에게 질문해 보라.

가끔 계획이 바뀔 때는 좌절감이 드는 게 당연하다. 그러나 그것은 어디에 우선 순위를 두는가의 문제이다. 다시 말하면 한번 정한 바를 이루려고 계획을 지키는 것이 중요한 것인가, 아니면 그 일의 흐름에 따라 자연스럽게 흘러가는 방법을 도입하는 것이 중요한 것인가. 분명한 것은 우리가 평화로운 존재가 되려면 본래의 계획에 엄격하게 집착하기보다는 일의 흐름에 따라 유연하게 대처하는 방법을 더욱 중요하게 받아들여야 한다는 것이다.

우리가 진심으로 이런 어찌할 수 없는 불가피성을 받아들인다면 실제로 그런 상황이 전개되었을 때 보다 유연하게 혼돈의 상태에서 벗어날 수 있다.

한층 더 유연해지겠다는 목표를 설정하면 경이로운 일이 일어나기 시작한다. 자신이 보다 느긋해짐을 느끼면서도 생산성을 희생하지 않아도 된다. 어쩌면 생산성의 향상을 경험하게 될지도 모른다. 그것은 치미는 마음의 갈등을 억제하느라 많은 에너지를 허비할 필요가 없기 때문이다. 그럼으로써 주변의 사람 역시 나로 인해 한층 더 여유로워질 것이며, 어쩌다 우리의 계획이 변경된다 하더라도 살얼음판을 걷은 조마조마한 마음을 가질 필요가 없게 된다.

'불감위천하선不敢爲天下先'이란 노자老子의 말씀이 있다. 굳이 천하에서 앞서려는 생각을 하지 말라는 뜻이다. 노자는 이 세상을 아무 탈 없이 살아가기 위해서는 첫째 자비, 둘째 검소, 셋째 애써 앞서지 않음의 세 가지를 갖추어야 한다고 논했다.

노자는 덧붙여 사람들은 자비로 대하기에 용기를 얻을 수 있고, 사물을 아껴 쓰기에 은혜를 끼칠 수 있으며, 사람들을 앞서지 않기에 지도자의 위치에 오를 수 있는 것이라고 말했다.

자비로움을 저버리고 자신의 용기만을 과시하며, 검약하지 않고 어떻게 은혜를 베풀 수 있으며, 한 발 물러서는 것을 잊고 앞서려고만 한다면 결국 어떻게 되겠는가. 그것은 오로지 파멸뿐이다. 이 모든 것이 난세를 살아가는 지혜라 할 수 있다.

진서晉書에 '천하불여의天下不如意, 환십거칠팔桓十居七八'이란 글귀가 있다. 내용은 이 세상에는 자기의 뜻대로 되지 않는 것이 7~8할이라는 것이다. 진대晉代의 양호羊祜 장군이 한 말이다. 양호는 정남대장군征南大將軍이 되어 남쪽 국경 지대에 주둔하면서 오吳나라에 대한 진격 작전을 준비하였다.

그러나 몇 번이고 조정에 진언을 했건만 공격 명령은 내려오지 않았다. 승산은 충분히 있었지만 왕의 명령 없이는 군대를 움직일 수가 없었다. 갖은 고생 끝에 작전 계획을 수립했던 양호로서는 억울하고 원통했을 것이다. 그때 한 말이 위 주제의 글귀이다.

오늘날에도 양호의 처지와 같은 답답한 생활에 놓인 경우가 어디 한둘이겠는가. 특히 조직 사회에 매여 있는 사람일수록 그런 탄식이 절로 나올 것이다. 인생에는 아무리 애를 쓰고 갖은 고초를 겪어도 보답받지 못하는 일이 많다. 그러나 그런 일을 핑계 삼아 노력을 게을리해서는 안 된다.

세상을 자신의 가치관만으로 판단하지 말라

상대방이 자신과 동일한 판단을 내려야 하고 동일한 견해를 갖고 있어야 한다는 것은 오만이다. 인간은 누구나 자신이 옳다고 생각한다. 그러나 누가 진정으로 옳은지는 오직 하늘만이 알고 있을 뿐이다. 따라서 자신의 생각과 사상이 다르다고 해서 상대를 배척하거나 이교도 취급을 하며 박해하는 것은 옹졸한 짓이다.

"사람은 모두 나름대로의 판단에 의해 행동한다. 그러므로 상대방이 잘못된 믿음을 갖고 있을지라도 그 사람이 그렇게 믿고 있는 이상 그것을 비웃거나 책망해서는 안 된다."

분별력이 어두워서 사실을 혼동하는 사람들을 가엽게 여겨야지 질책할 일은 아닌 것이다. 가능하면 서로 진솔한 대화를 통하여 올바른 길로 인도하려는 마음의 자세로 임하는 것이 좋다.

인간은 생각의 차이는 있겠으나 보편적으로 자신의 사고 안에서 생각하고 자신이 믿을 수 있는 것만 믿을 수밖에 없는 존재이다. 따라서 비난받을 사람은 뭇 사람들을 호도하거나 여론을 날조한 자들이지 그것을 믿는 사람이 아니다.

그리고 상대에게 망령스러운 행동을 보인 사람도 자신을 바로 하기 위해 노력해야 한다. 본의 아니게 실수를 했거나 잘못을 저질렀을 경우에는 그것을 거짓으로 꾸며 벗어나려고 하기보다는 웬만하면 솔직히 시인하고 용서를 구하는 편이 떳떳하다. 잘못이나 무례함을 숨기고자 얼버무리고 숨기는 행위는 용서받지 못할 일이다. 양심과 명예에 상처를 받지 않고 멋지게 살고 싶다면 거짓말로 속이려 하지 말고 바르고 어그러짐이 없이 행동하라. 그렇게 사는 것이 인간의 도리이고 이익이 되는 행동이다.

태어날 때부터 온전한 인간은 없다. 자신의 지식과 능력을 발전시켜 온전한 인간이 될 수 있도록 인격을 향상하고 능력을 배양하는 것이다. 그렇게 하여 인간의 재능은 최대한으로 완성시킨 단계에 도달하고, 뛰어난 재능을 마음껏 발휘하며, 많은 성과를 거두게 된다.

'상대방의 자존심을 상하게 하지 말라. 물론 세상에 존재하는 수많은 사람들 중에는 어리석고 똑똑하지 못한 사람들도 있다. 그런 사람들을 우러러 볼 필요는 없지만 쓸모없는 인간 취급을 해서는 안 된다. 정말 싫어서 마음 속으로 거부하는 것은 어찌할 수 없지만 겉으로 드러내놓고 무시할 필요는 없다.'

사람이 살다보면 피치 못할 상황에 놓여 타인의 도움을 받아야 할 경우도 생긴다. 이때 우리가 상대방을 얼간이 취급한 일이 있었다면 그 사람은 우리에게 힘이 되어 주지 않을 것이다. 상대에게 무심코 하는 빈말이겠지만 모욕감을 주는 것만큼 마음에 상처를 남기는 일도 없다.

사소한 말 한 마디가 평생의 적을 만들 수 있다. 남의 결점을 노골적으로 들춰내는 것 역시 상대를 무시하는 것만큼 좋지 않다. 가능하면 남의 약점을 감싸주고 어루만질 줄 알아야 한다. 누구나 모욕감을 느끼면 화를 낼 정도의 자존심은 가지고 있다. 따라서 평생의 적을 만들지 않으려면 아무리 비난을 받아 마땅한 사람일지라도 그 감정을 밖으로 드러내서는 안 된다.

이따금 우월감에 젖어, 아니면 주위 사람들을 즐겁게 하기 위해서 남의 약점을 들추거나 농담삼아 이야기하는 경우가 있다. 그러나 그런 일은 절대로 피해야 한다. 물론 그 자리에 있는 사람들은 웃고 즐기겠지만 농담거리가 되어 버린 사람은 마음 속에 커다란 상처를 받는다. 뿐만 아니라, 타인의 단점이나 결점을 지적하는 것 자체가 품위 없는 짓이다.

마음을 쓰는 태도가 분명한 사람이라면 타인의 흉이나 약점을 덮어 주지 공개적으로 떠벌리지 않는다.

남의 잘못을 들추어내서 부추기는 짓을 하면 반드시 자신의 명예도 더럽혀진다. 누구는 남의 그릇된 행위를 폭로하여 자신의 비리를 감추려 하거나 축소시키려 한다. 또는 그런 짓거리로 스스로를 위안 삼으려 하는데 그것은 못나고 어리석은 사람들이 하는 짓이다. 만약 우리에게 슬기와 재치가 있다면 남의 마음에 상처를 주기보다는 남을 이롭게 하는 데 사용해야 한다.

사기史記의 내용 중에 '군자교절君子交絕, 불출악성不出惡聲'이란 문구가 있다. 군자는 교제를 끊더라도 남의 험담을 늘어놓지 않는다는 뜻이다. 예컨대 교제를 끊는 일이 있더라도 "그놈은 쳐죽일 놈"이라는 등의 비난을 하지 않는 것이 군자의 처세라는 것이다. 이는 그런 상대를 친구로 두었다는 것은 스스로 사람을 보는 자신의 눈이 어두웠음을 인정하는 꼴이며, 또 험담이나 욕을 하면 반드시 상대의 귀에 들어가게 되고 언젠가는 반격을 당할 것이므로 득될 일이 없다는 것이다. 이따금 사회 유명 인사가 허위 사실 공표, 여성 비하 발언 등의 말 실수로 인해 곤욕을 치르는 경우가 왕왕 있다.

이렇듯 언어란 자신의 얼굴이며 명예라는 사실을 명심하라. 또 작금의 선거 유세를 보면 현 정권을 심판해야 한다는 등의 정권 심판론을 앞세우는 데, 누구를 비난하고 선동하는 이런 구 시대적인 선거 전략으로는 국민들의 의식 수준이 심화된 현 시대에서 절대로 승리할 수 없다. 오로지 국민들이 원하는 정책과 대안을 제시하며, 진실되고 희망찬 말로써 국민을 설득하는 것만이 선거에서 승리하는 방법이다.

서경書經에 '여인불구비與人不求備'란 글귀가 있다. 타인과 관계를 맺거나 사귈 때에는 상대방에게 완전을 기대해서는 안 된다는 의미이다. 설령 자기 자신이 완벽한 인간이라고 해도 상대에게 완전을 요구하면 안 된다. 그것은 개개인마다의 성격·자질·사상·인생철학 등이 다르기 때문이다.

세상에 완벽한 인간은 없다. 완전하지도 않은 인간이 그 대상에게 완전을 요구해 봤자 설득력이 없고 도리어 반발만 살 뿐이다. 이러한 결점을 드러내기 쉬운 사람이 바로 전체를 이끌어가는 위치에 있는 지도자이다. 서경은 표제의 구절 다음에 사람을 쓸 때에는 반드시 기器로 한다고 덧붙이고 있다. 기로 한다는 의미는 상대의 능력에 따라서 활용한다는 뜻이다. 또 그 대상이 갖추고 있는 것을 빼내어 쓴다는 의미가 함축되어 있는 것이 불구비不求備이다. 이 내용 역시 사람을 쓰는 요체라고 할 수 있다. 말할 것도 없이 자기 자신한테는 남이 갖추지 못한 것까지 요구해야 한다. 그러나 남에게 그것을 요구하는 것은 파탄의 원인이 된다.

거듭 생각하라

생각하는 것은 삶을 영위하는 데 있어 그 의무를 다 할 수 있도록 하기 위한 동력이다. 모든 문제에 대해서 거듭 사고思考하라. 스스로 생각하여 판단하고 추리하는 작용을 익히는 것은 지식을 습득하는 것보다 훨씬 중요하다. 생각하는 습관을 익히지 않은 사람은 삶의 가장 큰 생활 기능을 잃어버린 것이다.

'생각하는 것은 곧 어린 나무에 거름을 주는 일과 같고, 행동은 열매를 거두는 것과 같다. 부지런히 심고 가꾸는 사람이 많은 열매를 거둘 수 있듯이 차분하게 생각하고 판단하는 사람만이 성공의 기쁨을 누릴 수 있다. 자신에게 질문을 던지고 거듭 고민하라. 그리고 스스로 해답을 찾아라.'

어리석은 사람은 심사숙고하지 않았기에 한탄하는 일이 생기고, 자신의 손해와 이익이 어디에 있는지도 깨닫지 못하며, 문제를 해결하기 위한 노력도 하지 않는다. 대수롭지 않은 일은 대단히 여기고, 대단한 일은 대수롭지 않게 여기기 때문에 어느 것이 중요한지를 판단할 수도 없다.

지혜로운 사람은 모든 문제를 깊이 생각하고 우려할 만한 점을 낱낱이 파악하여 분석한다. 대부분의 사람들은 증명된 결론이라면 의심 없이 그대로 받아들이지만, 위대한 업적을 남긴 위인들은 끊임없이 생각하는 습관을 통해 기적을 이루어낸 것이다.

생각이란 새로운 지식을 얻고 추진하는 데 반드시 필요한 요소이다. 양질의 삶을 살기 위해 세심한 주의를 기울여 생각하고 항상 기억해 둘 문제들도 있다. 생각이 없는 삶은 말라 버린 샘터와 같다는 사실을 명심하라.

'인내심을 기르라. 인내한다는 것은 비록 지금 이 순간은 힘이 들어도 미래를 향해 가슴을 활짝 여는 일이다. 인내라는 미덕을 갖추면 평온해질 뿐만 아니라, 사랑스러운 자아를 창조하는 우리의 목표에 성큼 다가설 수 있다. 또한 인내심을 발휘할수록 현재의 모습 그대로를 받아들이고, 우리의 인생이 어떤 모습이었으면 좋겠다는 영상이 펼쳐진다.'

인내심이 없다면 삶은 극도의 좌절감으로 점철된다. 쉽게 화를 내고, 쉽게 귀찮아하며, 쉽게 짜증을 부릴 것이다. 인내는 내면의 평온을 유지하는 데 없어서는 안 될 요소이고, 우리의 삶에 그 무엇을 받아들이는 자세와 여유를 더 한다.

인내는 침착하게 되풀이하여 익히면 크게 키울 수 있는 마음의 자질이다. 우리 스스로 인내심을 심화하기 위한 효과적인 방법은 실제로 인내심을 몸에 익게 하는 연습을 하는 것이다. 처음에는 삼십분 정도 시간을 정하고, 그 횟수를 거듭하여 인내의 능력을 북돋워 기른다. 그럼 이제부터 '30분 동안은 무슨 일이 있더라도 화를 내거나 귀찮아하거나 짜증을 내지 않을 거야'라고 다짐하라. 인내심을 발휘하겠다는 의지가 반복될수록 참아내는 능력은 강화되고 서서히 자아의식 속에 자리함으로써 인내할 수 있는 능력이 생겼다는 것을 깨닫기 시작한다.

인내는 우리에게 현실적인 감각을 유지하게 한다. 심지어 극도로 어려운 상황에서도 지금 나에게 벌어지는 일들이 생사가 걸린 문제가 아니고 어떤 식으로든 해결할 수 있는 사소한 문제에 불과하다는 사실로 인식하게 한다. 그러나 인내심을 갖추지 않았다면 사소한 문제라도 긴급한 상황이 되어 불안·초조·방황·좌절감 등을 우리 마음 속에 불러일으킨다. 하지만 그런 식의 요란한 반응을 보일 가치가 있는 상황인지 인내심을 갖고 찬찬히 들여다보면 지극히 하찮은 문제에 불과하다는 사실을 떠올릴 수 있다.

어찌된 상황이든 사물이든 인내심을 가지고 깊이 들여다볼 수 있도록 노력하라. 그러면 균형 잡힌 사고의 작용을 유지할 것이며 더욱 평온한 존재가 될 수 있다. 나아가서는 과거에 우리를 좌절시키고 괴롭혔던 순간들마저도 상당 부분은 조금 낯선 방식으로 즐기며 생각할 수 있을 것이다.

'소불인즉난대모小不忍則亂大謨'라는 공자의 말씀이 있다. 의미는, 참아내지 못하면 큰일을 할 수 없다. 즉, 큰 목적을 달성하기 위해서는 참기 힘든 인내도 감수해야 한다는 뜻이다. 참기 힘든 인내의

한 예로써 초한지의 내용 가운데 한신의 유명한 고사가 있다.

한신은 한고조 유방을 섬겼던 장군이다. 그도 젊었을 때는 하는 일 없이 세월만 헛되이 보내고 있었다. 그러던 어느 날 저잣거리의 건달패들이 그에게 시비를 걸어왔다.

"이 한심한 놈아, 변변치 못한 주제에 큰 칼을 차고 다니다니 참으로 가소롭구나. 겉으로 봐서는 힘깨나 써 보인다만, 내가 보기엔 형편없는 겁쟁이에 불과하구나."

구경꾼들이 모여들자 건달패는 더욱 신이 났다.

"야, 이 겁쟁아, 네 녀석이 사내라면 그 큰 갈로 나를 베어 봐라. 그럴 배짱이 없거든 내 다리 가랑이 사이로 기어 나가거라. 만일 그렇게 못 할 시에는 네 목은 오늘 날아간다."

그러자 한신은 움칫하더니 잠자코 건달패의 가랑이 사이를 기어서 지나갔다.

그 당시 한신의 무예는 시시껄렁한 건달패 몇 명쯤은 간단히 해치워 버릴 수 있는 실력을 갖추고 있었다. 그러나 사소한 일로 인해 자신의 원대한 포부와 꿈을 망칠 수 없었다. 우리는 한신의 무지스러운 인내심을 되새겨 봐야 할 것이다.

서경에 '의모물성疑謨勿成'이란 글귀가 있다. 일을 시작할 때는 의심나는 것을 풀어서 밝히고 만전을 기하라는 뜻이다. 무슨 일이든 실행하기에 앞서 반드시 기획 입안의 단계가 있다. 그 단계에서 조금이라도 의문점이 있을 시에는 다시 원점으로 돌아가 낱낱이 헤아려 생각하고 만전을 기한 다음에 실천으로 옮기라는 것이다.

그러나 근래에는 간혹 이러한 대원칙이 무시되고 있다. 시간에

쫓겨 적당히 출발하는 것이 그 전형이다. 일을 저질러 놓고 보면 '뭐 어떻게 되겠지' 하고 생각하는 것은 경영인의 자세가 아니다. 의문점이 있다면 뒤로 미루는 것이 상책이다. 때로는 적당히 시작해도 잘 되는 경우가 있다. 그러나 그것은 흔하지 않은 경우로써 행운이 따랐다고 볼 수밖에 없다. 처음부터 요행을 바라고 기대해서는 안 된다. 의심스러운 문제나 사실을 제거하면 그만큼 실패할 확률이 줄어든다는 것을 마음 속에 새기어 두라.

반대로 송명신언행록에 '여사심원慮事深遠, 즉근어우의則近於迂矣'란 문구가 있는데, 일에 임할 때 생각을 거듭하고 신중히 대처하면 할수록 멀리 돌아간다는 의미이다. 그러나 깊이 생각하는 사람들은 매사를 주도 면밀하게 대처하기에 일의 빠른 정도에서는 비현실적으로 보이겠지만, 그만큼 철저히 준비하여 진행하기 때문에 일을 잘못하여 그르치는 예는 드물 것이다.

이에 대한 필자의 소견은, 주의가 두루 미쳐 자세하고 빈틈이 없이 처신하면서 일상에서도 기민하게 대응할 수 있는 그런 사람이 진정 이상적인 삶의 자세를 가졌다고 할 수 있다.

독서는 우리의 지혜를 결정한다

독서는 세상을 살아가기 위해 꼭 갖춰야 할 교양 습관이다. 독서를 통해 우매함에서 벗어나 지혜를 깨닫고 학식과 견문을 넓혀 나갈 수 있다. 정치·경제·사회·문화·과학기술이 초고속으로 발전하고 새로운 지식들이 나날이 쏟아져 나오는 현실에서 낙오자가 되지 않으려면 반드시 독서하는 습관을 길러야 한다.

'물론 독서하는 습관이 하루 아침에 길러지는 것은 아니다. 먹고 살기에 바빠서, 시간이 없어서라고 둘러대는 사람들이, 또는 할 일도 없고 재미를 붙일 곳도 없어서 시간 보내기가 지루하지만 책을 쳐다보지도 않는 사람들이 독서하는 습관을 들인다는 것은 쉽지 않다.' 그러나 이제부터라도 하루에 몇 쪽씩 책 읽는 습관을 들이도록 하라. 차근히 계획을 세워서 의식적으로 손에 책을 쥐고 읽다보면 독서하는 습관은 자연스레 몸에 밴다.

그리고 독서를 그저 취미 생활로 생각하지 마라. 꽃꽂이 강습회·컴퓨터 게임·영화 관람 등과 같이 단순히 즐기기 위해서, 혹은 고상한 취미로 내세우기 위해 독서를 해서는 안 된다는 것이다. 독서를 의식주와 같이 삶의 일부분으로 인식하도록 하라.

효과적인 독서 방법은, 이로울 것이 없는 시시껄렁한 책에 시간을 빼앗기지 말고, 현재 자신이 처한 상황에 알맞은 정보를 얻을 수 있는 책을 선정하라. 독서를 할 때는 목적을 하나로 집중시키고, 그 목표를 달성할 때까지 다른 분야의 책을 보지 않는 것이 좋다. 또 한꺼번에 몇 가지의 주제를 추구하기보다는 한 가지로 압축해서 체계적으로 근본을 캐어 들어가며 읽는 것이 효율적이다.

여러 가지 책을 읽다보면 내용이 상반되거나 모순되는 것이 있다. 이 경우 그와 관련된 다른 책을 참고하거나 그 분야의 전문가로부터 설명을 듣는다면 입체적으로 파악하지 못했던 일들이 자연스레 머릿속으로 들어올 것이다.

메모를 곁들이는 독서법 또한 책의 내용을 오래 기억할 수 있는 효과적인 방법이다. 책을 읽다가 이해되지 않는 부분이 있다면 되풀이해서 읽고 요점을 기록해 보라. 글의 본질도 이해하고 오래도록 기억될 것이다.

통독법 역시 독서의 좋은 방법이다. 동진東晋의 시인 도연명은 "책의 한두 부분을 이해하지 못한다고 해서 책 전체의 내용을 이해하지 못하는 것은 아니다"라고 논했다. 애매한 부분은 잠시 뒤로 미뤄놓고 일단 책 전체의 내용을 파악한 다음 다시 한 번 차근하게 읽어나가면 이해하기가 훨씬 수월해진다.

인생에서 포부는 매우 중요하다. 원대한 포부가 없으면 큰 일을 이룰 수 없듯이 독서도 분명하고 뜻있는 목표가 없다면 특별한 관심은 곧 사그라지게 마련이다. 따라서 독서에 대한 열정과 흥미를 지속시키기 위한 확실한 목표를 세우고, 책으로부터 얻게 된 지식은 충분이 내 것으로 만들어 실생활에 활용해야 한다. 특히 좋은 구상을 얻는다면 즉시 실천해 보라.

또한 당일의 신문과 뉴스는 반드시 살펴보라. 그것은 그때의 세상 돌아가는 여러 가지 정황에 관한 소식이나 자료는 삶의 기반이 되기 때문이다.

교육은 미래를 대비하는 힘이다. 교육은 무궁한 변화에도 세상의 질서를 확립하는 근간이 된다. 세상사는 끊임없이 변화하기 때문에 그 시대에 알맞은 학문을 익힐 필요가 있으며, 어떤 입장이나 특정한 시각에 치우친 학문은 현실성이 없어 생명력을 유지할 수 없다.

부도덕한 행위는 그 자체만으로 부끄러운 일이다. 올바른 판단이 필요한 것은 바로 지금이다. 불의에 매혹당하여 정신줄을 놓으려고 하는 자신을 채찍질하며 바른 길로 인도하는 스승이 곧 학문인 것이다.

근사록에 '서불필다간書不必多看, 요지기약要知其約'이란 글귀가 있다. 책을 많이 읽는 것보다 그 대강을 이해하는 데 힘쓰라는 뜻이다. 송대宋代에 주자朱子의 스승이기도 한 정이천程伊川이라는 대학자가 있었다. 어느 날 그는 문인으로부터 학문하는 방법에 대한 질문을 받고는 무엇보다도 책을 읽으라고 전제한 다음 위 주제의 말을 덧붙였다.

반드시 많은 양의 책을 읽을 필요는 없지만 그 내용의 본질을 확실히 이해하라는 것이다. 정이천 선생이 논하는 소수정예주의는 오늘날에도 대단한 효율적 가치를 지니고 있다. 특히 고전古典의 경우 깊이 새기면서 읽는다면 옛 선현先賢들의 가르침이 살아 숨쉬는 지혜로서 우리의 곁으로 돌아오는 것을 느끼게 된다.

전습록傳習錄의 '인수마재사상人須磨在事上'이란 문구는 배워서 얻었으면 실천하여 자신을 향상시키라는 의미이다. 전습록은 지행합일知行合一을 주장한 양명학陽明學의 창시자인 왕양명王陽明의 언행을 기록한 책이다.

자신을 연마하는 방법은 먼저 위대한 선현들의 가르침을 받는 일이다. 그러기 위한 지름길이 고전을 읽는 것인데, 고전은 선철先哲들의 영지英智를 모아 놓은 결정체이며, 유구한 역사 속에서 검증된 것으로서 시대를 초월하는 교훈들이 가득 담겨 있다.

그러나 책을 읽고 설명을 듣는 것만으로는 삶의 지혜가 몸에 익혀지지 않는다. 듣고 배운 것을 몸에 익게 하기 위해서는 독서와 병행하여 생활이나 업무 등 매일의 일상을 통해 자신을 숙련시키는 것이 무엇보다 중요하다.

'실천이 따르지 않는 지식은 임시로 둘러싸서 적재하는 변통에 지나지 않는다. 실천을 해 나가는 가운데 자신을 단련시키는 것이 심신을 연마하고 성공으로 가는 지름길이다.'

자기보다 똑똑하고 잘난 사람과 사귀도록 하라

똑똑하고 잘난 사람이란 지위가 높고 인품이 좋거나 재력이 있는 그런 사람들이 아니고 내용이 있는 사람들, 곧 세상 사람들이 존경하는 사람을 일컫는다. 사람들과 교제를 할 때에는 아래를 보지 말고 위를 바라보며, 가능한 자기보다 똑똑한 사람들과 사귀도록 노력해야 한다. 우수한 사람들과 지내다보면 자신도 모르게 그들의 우수성을 본받아 붙좇기 때문이다.

반대로 정도가 낮은 사람과 가까이하면 그 정도의 인간이 될 뿐이다. '친구 따라 강남 간다'는 속담이 있듯이 인간은 사귀는 상대에 따라서 어떻게든 달라지는 법이다.

교제를 할 바에는 우수한 사람들이 모인 집단의 일원이 되는 것이 좋다. 그러한 모임에서 다양한 인격을 지닌 사람들과 온갖 도덕관을 갖고 있는 사람들을 두루 살피는 것도 인생살이에 유익한 일이다.

정치인·종교인·연예인, 유명한 지식인 등 대중의 호감이나 관심을 끌고 있는 인기인들은 거의 모든 사람들이 함께 하기를 희망하고 열중하는 상대이며, 또 그런 재능이 있는 사람들과 알고 지내는 것을 자랑스럽게 여긴다. 그러나 능력이 많은 매력적인 인물들과 교제할 경우에는 너무 흠뻑 빠져들어서는 안 된다. 자신의 판단력을 잃지 않고 정도에 맞게 사귀는 것이 바람직하다. 그들의 톡톡 튀는 재치와 사람의 마음을 호리어 끄는 힘은 오히려 공포심을 불러일으킬 수도 있다. 특히 능란한 언변과 번뜩이는 재치는 언제 안전 장치가 풀려 우리 쪽으로 날아올지 모른다는 두려움을 안겨 준다.

'속된 인물들과는 어울리지 말라. 알량한 권력과 몇 푼의 돈에 눈이 어두워 한 치 앞도 내다보지 못하는 인간들과는 사귈 가치가 없다. 혹여 가르침을 청해도 그대로 내버려 두는 것이 좋다.'

나뭇가지가 뒤틀리면서 자라는 덩굴성 식물에게 곧게 뻗어나가는 전나무를 닮으라고 아무리 충고해도 공염불에 그칠 뿐이다.

어리석은 자는 자기를 크게 보이기 위해 애먼 사람을 비난하거나 어질고 사리에 밝은 사람을 평가 절하한다. 그들은 뻔뻔하게도 한 시대를 이끄는 위인들을 농락함으로써 주목을 받으려 하고 있다. 그런 대수롭지 않은 인간들에게 침묵을 가르치려면 그들의 존재 따위는 안중에도 없다는 듯이 태연 자약하게 지내는 것이 현명하다.

그러나 쓸모없는 인간일지라도 적으로 만들지 말라. 여기에서 주의할 것은 어리석고 부도덕한 인간이 접근해 와도 필요 이상으로 냉담하게 굴어 적을 만들어서는 안 된다는 것이다. 친구로 사귀면 안 될 사람은 무수히 많겠지만, 그렇다고 모두 적으로 만들어서는 득이 되지 않는다.

중요한 것은 상대방이 누구이든 언변을 조심하고 행동거지를 분별해서 자기 자신을 통제하는 일이다. 그 사람을 알려면 친구를 보면 된다는 말처럼 어떤 친구와 사귀는가에 따라서 그 사람을 평가할 수 있다는 말은 상식에서 벗어난 것이 아니다. 유념할 점은 친구와 동료는 다르다는 것이다. 함께 있으면 즐겁다고 해서 반드시 좋은 친구라고 할 수는 없다.

'봉생마중蓬生麻中, 불부이직不扶而直'이란 순자荀子의 말씀이 있다. 구불텅한 쑥도 곧은 삼 속에 자라면 곧게 자란다는 의미이다. 봉蓬은 쑥으로서 보통 논밭 두렁에 자생한다. 그러나 이 볼품없는 쑥도 삼밭에서 날 때에는 곧게 자란다. 까닭은 삼은 위로 곧게 치솟아 자라는 식물이므로 쑥도 삼밭에서 나면 삼의 영향으로 위로 곧게 뻗어난다는 것이다.

인간도 이와 마찬가지이다. 밝은 환경 속에서 좋은 교유 관계를 맺게 되면 거기에 동화되어 올곧게 성장한다.

순자는 이 구절을 인용한 다음 덧붙여 이렇게 설하고 있다. 군자君子는 반드시 터를 골라 거처를 정하고 훌륭한 인물하고만 교제를 한다. 불의를 멀리하고 정의를 가까이하기 위해서이다.

'인간의 성품은 분명 그 환경에 따라 형성된다. 그리고 환경이란 변경이 불가능한 것은 아니다. 하려고 마음을 먹는다면 얼마든지 바꿀 수 있다. 좋은 환경을 만드는 것은 결국 자기 자신이다.'

시경詩經에 있는 '타산지석他山之石, 가이공옥可以功玉'이란 글귀는 다른 산에서 나오는 하찮은 돌로 자신의 옥玉을 간다는 뜻이다. 남의 대수롭지 않은 언행도 자기 자신을 단련하는 데 도움이 될 수 있다는 것이다. 더 쉽게 표현하면 남의 행동을 타산지석으로 삼아 나의 행동을 고친다는 의미로 해석할 수 있다.

자신을 단련한다는 것은 어느 누구나 바람직한 일이지만, 특히 전체를 이끌어가는 위치에 있는 사람은 더욱 필수적이다. 그렇다면 자신을 단련시키려면 어떤 방법이 좋을까. 그것은 훌륭한 인물을 모범으로 삼아 그 사람의 경지를 향해 끊임없이 도전해 보는 것이 좋을 것이다. 그 방법이 여의치 않다면 범용한 사람은 주위에 많을 것이니 그들을 반면교사反面敎師로 삼아 부단히 자기 수련에 애쓸 일이다. 생각하기에 따라서는 그 누구도 활용 가치는 있다. 그것이 바로 타산지석이다.

공자도 '무우불여기자無友不如己者'라고 논했다. 친구를 사귈 때에는 반드시 자기보다 우수한 사람을 사귀라는 뜻이다. 이유는 당연히 자기 계발에 도움이 되기 때문이다. 공자도 현실적으로 생각을 한 것이다.

'오늘날 우리들도 여러 형태의 인간들과 교유 관계를 맺게 되는 것이 현실이다. 그러나 정도 이하의 군상들 속에서 보라는 듯이 젠체하며 우물 안 개구리로 살아가서는 결코 인간으로서의 발전을 기대할 수 없다.'

다른 사람의 생각을 굳이 바꾸려 하지 말라

더 평화롭고 보다 사랑스러운 존재가 되기 위해서 펼칠 수 있는 온화하고도 따뜻한 전략은 다른 사람이 올바를 수 있는 기회를 취할 수 있게끔 그 사람에게 공을 돌리는 것이다. 나에게 큰 피해가 없다면 굳이 다른 사람의 생각을 바꾸려 하지 말라.

"상대방과의 대화 중에, '그것은 아니야. 이게 더 중요해' 하며 별안간 끼어들기보다는, '그래, 너의 뜻이 더욱 중요하다고 생각해' 라고 말하면서 그 사람의 발언을 살려주도록 해 보라. 그러면 우리의 삶에 등장하는 인간들은 덜 방어적인 존재로 변함과 동시에 사랑스러운 존재가 될 것이다."

그런데도 사람들은 자신이 옳다는 것을 입증하기 위해 많은 시간과 에너지를 소비하고 있다. 사람들은 의식적이든 무의식적이든 다른 사람에게 그들의 입장이나 발언·관점 등이 그르다는 사실을 보여주는 것이 어찌됐든 자신의 할 일이라고 믿고 있다. 그리하면 '지적을 받은 상대가 감사를 표하거나 적어도 무언가를 깨닫고 배워서 바뀌겠지' 라고 생각할 것이다. 그러나 그것은 잘못된 판단이다.

생각해 보라. 내가 누군가로부터 지적을 받았을 때, "나의 잘못된 점을 알려줘서 너무 고맙습니다. 이제야 깨달았습니다. 당신은 정말 대단하시군요" 라고 감사를 표한 적이 있는가. 아니면, 남의 잘못을 지적해서 올바른 생각을 갖게 된 사람이 나에게 고맙다는 감사의 뜻을 전해 온 적이 있었던가. 그렇지 않을 것이다. 실상은 우리 모두 지적받기를 싫어한다. 그리고 자신의 입장이 타인의 존경을 받고 이해되기를 원한다. 뭇 사람들의 경청의 대상이 되는 것은 인간이 품고 있는 가장 큰 욕망이다. 그래서 남의 말을 잘 들어줄 줄 아는 사람이 가장 인정받고 사랑을 받는 것이다.

남을 지적하는 습관이 몸에 밴 사람은 단연코 분노와 기피의 대상이 된다. 물론 부당한 대우에 분기하여 의연하게 살고 싶을 때도 있다. 힘없는 약자를 괴롭히거나 멸시하는 발언을 듣는다면 절대로 바꾸고 싶지 않은 어떤 정의로운 입장이 있을 것이다. 이런 경우라면 속마음을 드러내어 제재하는 것이 옳다. 그러나 대체로 그렇게 하지 않는다면 평화로운 만남이 되었을 것을 괜히 입바른 소리를 해서 그만 그와의 조우를 망쳐 버린 것이다.

가슴 깊이 담고 있는 올바른 도리를 외면하거나 가슴 따뜻한 의견을 희생시킬 필요는 없다. 그러나 혹간은 남이 옳을 수 있도록 도와주면 어떨까. 그러면 그들은 바라던 것 이상으로 우리를 높이 평가할 것이다. 왜 그렇게 평가하는지 정확한 이유를 모르면서도 그럴 것이다. 그렇게 함으로써 우리는 다른 누구의 행복에 참여하고 그 행복을 목격하는 기쁨을 얻을 수 있다.

'상대방의 말을 자르지도 마라. 상대의 말을 가로막고 자를 경우, 자신의 생각뿐 아니라 상대방이 전하고자 하는 내용까지 파악하고 있어야 한다. 곧 동시에 나 자신과 상대의 머릿속을 드나들며 캐치하는데 얼마나 많은 에너지를 허비하게 될지 모른다.'

이런 습관은 소모적이고 많은 언쟁의 불씨가 되기도 한다.

"내가 상대방의 마음을 이미 읽고 있는데 그 사람이 하는 말에 어떻게 진정으로 귀를 기울일 수 있겠습니까." 아니다. 상대의 말을 자르는 나쁜 습관이 있다는 사실을 깨닫기만 한다면 쉽게 바꿀 수 있는 소박한 습관에 지나지 않는다. 스스로에게 인내하고 기다려야 한다는 것을 각인시키라. 그리고 상대방이 말을 다 할 수 있도록 배려했다가 내 차례가 오면 답변을 하겠다고 다짐하라.

이 간단한 행동의 결과로써 우리의 삶에 끼어든 많은 인간들과의 교류가 얼마큼 성숙되는지를 느낄 수 있다. 우리와 소통하고 있는 사람들은 우리가 그들의 말을 귀담아 듣고 있다고 인식할 때 우리 곁에 훨씬 더 편안한 마음으로 머무를 수 있을 것이다.

또한 상대의 말을 끊는 나쁜 습관을 버릴 때 덤비지 않고 사리를 냉철하게 판단하는 마음의 여유를 갖게 될 것이다. 그래서 우리는 대화를 서두르기보다는 즐기기 시작할 것이며, 보다 느긋해지고 사랑스러운 존재가 된다.

논어論語에 '무의·무필·무고·무아毋意 毋必 毋固 毋我'라는 글귀가 있다. 주관만으로 억측하지 않았고, 자기 주장을 무리하게 관철하지 않았으며, 한 가지 판단을 고집하지 않았고, 나의 유리한 점만 생각하지 않았다는 뜻이다. 위의 네 가지 중에 어느 것 하나를 애써 제외시키려 해도 결코 쉬운 일이 아니다. 최선을 다 하면 그 중 한두 가지쯤은 극복할 수 있겠으나 네 가지 모두를 실행한다는 것은 지극히 어려운 일이다. 그러나 공자는 이 네 가지 모두를 실천했다고 한다. 그러면 공자가 이처럼 균형이 잡힌 인간상을 형성할 수 있었던 까닭은 어디에 있을까.

'그것은 인생의 시련과 고난을 무수히 헤쳐 나가면서 자기 수양을 끊임없이 쌓았기 때문이다. 우리도 그런 경지까지는 미치지 못하겠지만 그만큼 노력하면 존경받는 사회적 인물이 되지 않겠는가.'

좌전左傳에 '비양卑讓, 덕지기야德之其也'란 문구가 있다. 상대방을 올려 세우고 나를 낮추는 것이 덕의 기본이라는 의미이다. 훌륭한 인격을 만들어 가는 데 있어 기본이 되는 것은 무엇일까. 좌전에 의하면 비양卑讓이라고 했다. 비는 자기 자신을 낮은 곳에 두고 상대를 올려 세워 주는 것이며, 양은 자신을 한두 걸음 뒤로 물러서서 상대방에게 길을 터주는 것이다.

다시 말하면, 비양이란 곧 겸허이며, 이것이 덕의 기본이라고 할 수 있다. 곡식 이삭은 익을수록 고개를 숙인다는 격언이 있다. 비양은 어느 누구에게도 필요한 덕목이며, 특히 리더의 필수적인 조건이다.

신용을 준수하라

필자의 경험에 의하면 성공하는 사람들의 대부분은 근면과 성실을 최고의 가치로 내건 사람들이고, 제아무리 사주팔자·관상이 좋아도 근면 성실하지 못한 사람은 결국 패가망신하는 것을 수없이 지켜봤다.

'신용은 사회의 질서를 운용하는 법칙과 같아서 이를 저버리는 사람은 마침내 패가망신한다. 모든 사물에 만유인력의 법칙이 존재하듯이 신용 또한 삶의 영역에서 필요 불가결의 가치이다.'

신용은 삶의 미덕으로 사회에서 지켜져야 할 기본적인 도덕 준칙이다. 만약 어느 누가 신용을 지키지 않아서 모든 일이 그의 언사와 일치하지 않는다면 누가 그를 신임하겠는가. 따라서 대인 관계에서는 신용이 가장 으뜸이다.

신용을 저버리고 대인 관계의 기본을 잃은 사람이 어떻게 사회에 발을 붙일 것이며, 어떻게 사회에서 우뚝 설 수 있겠는가. 신용이 사회의 근본이라고 할 수 있는 이유는 그것이 사회 도덕의 틀을 형성하고 사회의 광범위한 모든 관계를 이어주기 때문이다.

정성스럽고 진실된 습성은 길들여진 습관이다. 그러므로 진실된 습성은 일상 생활에서 오랫동안 꾸준히 길러져야 한다. 작은 일에서부터 실천하라. 사소한 것 같지만 작은 일부터 지키는 습관을 들이는 것이 자신의 신용을 기를 수 있는 가장 좋은 방법이다.

가령 소소한 사람과의 하잘것없는 약속이나 말로써 언약한 지인과의 약속도 제 시간에 맞추어 실천할 수 있도록 노력하라. 좋은 생각을 가지고 행동을 반복하다 보면 좋은 습관이 생기고, 그 습관이 운명을 바꾸는 것이다.

'대인자언불필신大人者言不必信, 행불필과行不必果'라는 맹자孟子의 말씀이 있는데 대인은 언필신, 행필과에 구애받지 않는다는 뜻이다. 언필신·행필과의 출전은 논어인데, 약속한 일은 반드시 실행에 옮겨야 하고 한번 행하면 끝까지 이행해야 한다는 의미이다. 다시 말해 대인 관계에서 성실과 신용이 가장 으뜸이라는 얘기이다.

그러나 맹자는 대인은 굳이 언필신·행필과에 얽매이지 않는다고 논했다. 그럼 대인에게 가장 중요한 것은 무엇일까? 오로지 의義가 있을 뿐이라고 맹자는 단언했다. 의란 사람으로서 행하여야 할 바른 도리를 말한다. 따라서 의를 지니면 언필신·행필과를 생략해도 관계가 없다는 것이다.

노자老子의 말씀 중에 '지인자지知人者智, 자지자명自知者明'이란 문구가 있다. 남을 아는 자는 지자智者의 수준에 지나지 않으며, 자기 자신을 아는 자가 진정한 명자明者라는 것이다.

남을 아는 것은 보통 이상의 일이다. 그러나 그보다 훨씬 더 어려운 것이 자기 자신을 안다는 것이다. 남에 대해서는 잘 알고 있지만 자신에 대해서는 제대로 알지 못하는 것이 인간들이다. 그러면 현재 자신이 처한 실제의 사정과 앞으로의 일에 대해서 명확한 판단을 내릴 수가 없다.

지智는 사물을 깊이 읽어내는 능력이며 통찰력이다. 명明도 통찰력은 분명하지만 지보다 더 깊은 곳까지 밝혀서 살피는 능력을 말한다. 그러므로 정확한 판단력을 기르려면 지는 물론이고 그보다 더 높은 수준인 명을 몸에 익힐 필요가 있다.

손자孫子는 '지피지기知彼知己, 백전무태百戰無殆', 상대를 알고 나를 알면 백번 싸워도 위태롭지 않다고 논하고 있으며, 노자는 명을 깨쳐야만이 비로소 보전保全이 가능하다고 주창하고 있다.

행동을 가볍게 하지 말라

아무리 훌륭한 인간이라도 타인의 존경을 받기 위해서는 나름대로의 위엄을 갖추고 있어야 한다. 경망스럽게 웃거나 큰 소리로 떠들고, 수준 낮은 농담으로 덮어놓고 붙임성을 보이는 태도는 위엄 있는 모습이 아니다. 이런 태도를 취하는 사람은 아무리 풍부한 지식을 갖춘 인격자라 해도 존경을 받지 못하고 오히려 업신여김을 당한다.

'당연히 명랑하고 활발한 것은 좋지만 도의에 지나치면 가볍게 보일 뿐이며, 붙임성이 있는 것도 남의 환심을 사거나 잘 보이려고 알랑을 떠는 것처럼 여길 뿐이다. 그리고 기지와 재치가 없는 농담을 던지는 사람도 단순히 쾌사를 떨며 남을 웃기기 좋아하는 어릿광대 이상의 대접을 받을 수 없다.'

우리는 흔히 사람을 가려서 나눈다. 저 사람은 노래를 잘 해서,

멍청하지만 힘은 세니까, 우스갯소리를 잘 해서 좌중을 즐겁게 하므로, 사람은 떨떨하지만 재력이 있으니까 우리 모임에 합류시키자, 이런 소리를 듣는 사람은 좋은 말이든 나쁜 말이든 도리어 비방을 듣는 것과 다름이 없다.

한 가지의 재주와 이유만으로 모임에 합류하게 된 사람은 그 특기 이외에는 존재 가치가 없는 것이며, 그들이 다른 면을 인정해주는 일도 없다. 결론적으로 자기 본래의 인품이나 태도와 관계없는 점들이 잘 보여 동료로 받아들여지거나, 인기가 있는 사람은 결코 존경을 받을 수 없으며, 다만 적당히 이용당할 뿐이다.

가볍게 행동하지 않는 생활 태도를 익혀라. 어느만큼은 위엄이 있는 태도를 간직하라. 물론 위엄이 있는 태도와 거만한 행동은 다르다. 잘난 체하고 업신여기고 교만하고 오만하게 구는 것은 용기가 아니며 본인의 품위를 실추시킨다. 거만한 인간의 자부심은 비웃음과 멸시를 받을 뿐이다.

팔방미인처럼 행동하는 것도 위엄 있는 태도가 아니고, 무엇이든 반대하고 떠들썩하게 잘 잘못을 가리는 행위도 위엄 있는 태도가 아니며, 무턱대고 아첨하는 것도 위엄 있는 태도가 아니다.

상대방의 말을 진지하게 경청하고 겸손하면서도 자신의 의견을 분명하게 전달하는 태도가 바로 위엄이 있는 태도이다. 덧붙여 얼굴 표정이나 동작이 생동감이 넘치고 고상함을 더 한다면 더욱 좋을 것이다.

'어지럽고 혼탁한 세상, 사람과 사람 사이의 믿음이 파괴되고 우정은 더 이상 성장하지 않으며, 진리는 구석으로 내몰린다. 성실하

게 일하는 자는 아무런 보답도 받지 못하고 간사하고 욕심이 많은 자는 이득을 본다. 누구에게는 불안을 느끼고, 누구에게는 불신을 품고, 누구에게는 배신당하는 일에 대한 두려움을 가지고 있다. 이런 광란의 시대에서 세상 살아가는 지혜를 익히지 않으면 손해가 생긴다. 항상 신중하고 침착하게 행동하라.'

작은 흙더미는 몇 번의 삽질로도 쉽게 자리를 옮기지만, 태산은 비바람이 휘몰아치는 역경 속에서도 굳건히 제자리를 지키고 있으며 수많은 자원을 간직하고 있다.

중용中庸에 '기명차철旣明且哲, 이보기신以保其身'이란 문구가 있다. 이미 명철하다면 그것으로 그 몸을 보전할 수 있다는 뜻이다. 여기에서 '명철보신明哲保身'이란 고사성어가 생겨났다.

'보신保身'이란 글귀는 오늘날에는 그다지 좋은 의미로 사용되지는 않는다. 보신에 능하다, 보신에 급급하다는 등 자신의 지위·명성·재물 등을 잃지 않으려고 약삭빠르게 행동한다는 비난이 내포되어 있는 말로써 사용되고 있는 게 현실이다. 그러나 원래는 나쁜 의미를 가진 말이 아니었다.

어지럽고 혼탁한 세상에서 무사히 살아나가는 것, 그것이 곧 몸을 부지하는 것이며 보신이었다. 생각하기에 따라서는 이보다 어려운 일도 없다.

그렇다면 그 어려운 일을 실현될 수 있게 하려면 무엇이 필요한 것인가. 그것이 바로 명철明哲이다. 총명하고 사리에 밝아 일을 잘 처리하여 몸을 보전하는 힘이다. 이 조건만 갖추고 있다면 아무리 난세라도 자신을 보신할 수 있을 것이다.

사기史記에 '천도시야비야天道是耶非耶'라는 글귀가 있다. 하늘의 도의道義는 존재하는 것인가, 존재하지 않는 것인가라는 내용이다. 천도天道는 과연 존재하는가, 사기의 저자인 사마천이 사기 백이열전伯夷列傳편의 끝부분에 기록한 문장이다.

우리는 예로부터 천도는 공평하고 사사로움이 없이 항상 선인의 편을 든다고 믿어왔다. 그러나 사마천은 거기에 중대한 의문을 제기했다. 그는 먼저 수양산에서 굶어 죽은 백이伯夷와 숙제叔齊의 전기를 기록하고, 선善이 무너지고 악惡이 번창한 예를 다음과 같이 논했다.

악을 거듭 자행하면서도 향락을 누리고 부귀로 흥청망청하는 자가 있다. 그 한편에서는 엄하게 자신을 다스리고 신중히 행동하며 언제나 정도正道를 걸으면서도 재앙과 액운을 당하는 자가 수없이 많다.

이것을 보면 깊은 절망감에 사로잡힌다. 약 2,100년 전 한 역사가의 말이지만 지금의 시대와 다를 바 없어 공감은 한다. 그러나 정의는 반드시 승리한다. 좋지 않은 행동을 하는 사람이 한때 잘 되는 것처럼 보이는 것은 촛불이 마지막으로 타들어갈 때 큰 빛을 발하는 것과 같이 순간적인 것이므로 만에 하나라도 부러워하지 말라. 그 마음이 불행의 씨앗을 만든다.

나 자신을 스스로 보호하라

사회 생활에서는 무엇보다도 안전 의식을 최우선의 규범으로 정해 놓고 활동해야 한다. 왜 그런가 하면, 생명은 그 무엇보다도 소중하기 때문이다. 갑작스러운 위기에 봉착했을 때 나에게 구원의 손길을 내밀어 줄 수 있는 사람은 나 자신밖에 없다. 자기 보호 의식이 미약하면 삶의 권리가 침해받는 것은 말할 것도 없고, 심하게는 생명의 대가를 치러야 할지도 모른다.

'우리의 생활은 여러 형태의 인간들이 집단으로 모여서 살아가는 공동생활체이기 때문에 언제 어디서든 뜻밖의 재액이나 사고에 직면할 수 있다. 별안간 이런 위험에 맞닥뜨린다면 과연 당황하지 않고 침착하게 대처할 수 있을까. 그래서 자신을 위험에서 보호하고 서로 도울 수 있는 기본적인 위기 상황의 대처법은 반드시 익혀야 할 생활 습관이다.'

나 자신을 스스로 보호하는 습관을 길러야 한다고 해서 폭력을 폭력으로 되갚거나, 국가와 사회가 국민들의 보호 의무를 회피해도 된다는 것은 아니다. 정부 기관 역시 사법적인 조직·체계·방법 등의 대처법을 철저히 강구하여 시행해야 할 것이며, 사회교육단체나 학교 등 교육 기관에서도 부녀자·청소년·아동 등 사회적 약자를 위한 안전 교육을 일반화시켜 자기를 보호할 수 있는 방법을 터득할 수 있도록 힘써야 할 것이다.

물질을 중요시하는 요즈음, 겉모습이 언뜻 보기에는 사람같이 보이지만 그 내면에는 짐승만도 못 한 생각을 갖고 있는 불한당 같은 파렴치범이 적지 않으니 얼마나 무서운 일인가. 따라서 나 스스로가 위기를 미연에 방지할 수 있는 지혜를 갖추는 것이 작금의 세상을 살아가는 최선의 방책이다.

용서받을 수 있는 거짓말을 적절히 사용하라. 악의에 찬 거짓말은 어떠한 경우에도 피해야 하겠지만, 위기 일발의 순간에 내가 살기 위해서는 상대의 마음을 돌리기 위한 거짓말도 할 수 있어야 한다. 그것은 거짓을 통해 선의의 목적을 달성할 수 있기 때문이다.

너무 착해서 아무 쓸모도 없는 사람이 되지 말라. "싫어요." "아니오"라고 거절을 할 줄 몰라 아무 짝에도 쓸모없는 사람이 되지 않아야 한다. 때로는 자신이 남보다 강하다고 느끼는 마음이 살아 있다는 증거가 된다. 너무 착해서 무감각 상태에 빠지는 것은 인생살이에서 중대한 오류이다.

심성이 악한 자들과 아울리지 말라. 차라리 어리석은 자들과 사귀는 것이 더 낫다. 어리석은 것은 지혜로 일깨울 수 있지만, 사악함은 이기적인 실리에 맞추어 음모를 꾸미거나 배반하는 기질을 갖추고 있어 훨씬 형편이 나쁘고 대책이 없다.

사악한 자는 말하는 것도 분별이 없고 거짓을 옹호하며 협잡질을 일삼는다. 그런 자를 만나면 관계를 맺지 않도록 조심하고, 사업적인 일로써 어쩔 수 없이 만나게 되는 경우에도 일정한 거리를 두는 것이 좋다. 깊은 교제는 반드시 우리에게 해를 입힌다.

역경에 '이상견빙지履霜堅氷至'란 글귀가 있다. 서리를 밟으면 곧 두터운 얼음이 언다는 뜻이다. 늦가을이 되어 서리가 내리기 시작하면 이윽고 두터운 얼음이 얼고 추운 겨울이 찾아온다. 겨울이 오기 전에 서리라는 전조前兆가 있는 것이다. 그러므로 서리가 내리면 겨울 준비를 서둘러야 한다.

인간 세상의 모든 일상사도 이와 같다. 큰 사건이 발생할 때에는 미리 나타나 보이는 조짐이 있다. 따라서 사소한 움직임이라 할지라도 그것을 간과하지 말고 드러내 뵈는 빌미를 살펴서 미리 대비를 해야 한다. '서리를 밟으면 곧 두터운 얼음이 언다' 라는 글귀는 바로 그 점을 경고하는 것이다. 서리가 내렸는데도 겨울이 닥쳐올 것을 깨닫지 못하고 있다면 그후의 일은 불을 보듯 뻔하다.

전국책의 내용 중에 '주자암어성사愚者闇於成事, 지자견어미맹智者見於未萌'이란 문구가 있다. 어리석은 자는 일이 다 되어 가도 모르고, 지혜로운 자는 징조가 있기 전에 이미 알고 있다는 의미이다.

암어성사闇於成事의 뜻은 사물이 형태를 갖추고 나타나더라도 그것을 깨닫지 못한다는 것이다. 그런 사람을 우자愚者, 곧 어리석은 사람이라고 한다. 이에 반하여 견어미맹見於未萌은 아직 징조가 보이기 전에 그 움직임을 간파하고 적절히 대책을 세우는 것이다.

곧 이런 사람이 지자智者이다. 이런 점을 생각할 때 우리는 지자보다는 우자에 해당하는 경우가 많은 것 같다. '그때 이렇게 처신을 했다면 좋았을 것을', '그때 이렇게 답변을 했다면 좋았을 텐데' 라고 후회하는 수가 많다는 것이다. 이것은 견어미맹과는 너무 거리가 멀다. 그러므로 앞을 내다볼 수 있는 선견지명의 지혜를 갖추는 것이 무한 경쟁 시대의 오늘을 살아가는 데 이로운 것은 의심할

여지가 없다.

대중을 설득하는 힘을 기르라

더할 나위 없이 훌륭한 이론이나 주장을 내세운다 해도 그것을 설명하는 태도가 바람직하지 못하면 사람들의 마음을 움직일 수 없다. 가령 대화를 청하는 상대가 거친 목소리의 이상스러운 말투로 설명을 하거나, 앞뒤가 뒤죽박죽 섞이어 말도 안 되는 소리를 떠벌린다면 그 내용에 귀 기울일 사람은 아무도 없다. 심지어 그 사람의 인품을 의심하는 경우에까지 이르게 된다.

'그러나 아무리 이론이 약해도 호감이 가는 방법으로 대화를 전개한다면 그 내용까지 훌륭하게 들리고 그 사람의 인품까지도 돋보이게 한다. 그만큼 주장하는 내용도 중요하지만 설득력이 있는 말솜씨 또한 중요한 것이다.'

그리고 우리가 전달하고자 하는 내용을 아무런 꾸밈이나 보탬이 없이 논리 정연하게 말할 수 있다 해도 충분한 설득력을 갖추었다고 생각한다면 큰 오산이다. 여러 사람 앞에서 얘기할 때는 그 내용도 중요하지만 언사를 매끄럽게 이끌어 나가는지 아닌지에 따라서도 그 사람이 평가된다.

말을 잘 하려면 어떻게 해야 하는가.

첫째, 일상적인 대화법을 곰곰 생각하여 정확하고 거만하지 않은 화술을 몸에 익히도록 노력한다. 그리고 고전이든 현대이든 책을 많이 읽어라.

둘째, 책을 읽고 좋은 표현을 주의 깊게 새기라. 어떻게 말하면 좀더 훌륭한 표현이 될 수 있을까. 만일 내가 같은 내용의 글을 쓴다면 어느 점을 보충했으면 좋은지를 생각하며 읽어라.

셋째, 화법과 문장을 독자적인 자신만의 형식을 만들어라. 언어란 자신의 생각과 개념을 전달하는 것이므로 자신의 뜻과 개념이 전달되지 못하는 화법을 구사하는 것은 자기를 깎아 내리는 일이다.

아무리 자유로운 대화나 메시지일지라도 자신만의 독창적인 화법을 갖추는 것이 종요롭다.

말은 바르게 사용하고 발음은 똑똑히 하라. 말의 사용법이 이상하거나 문장에 품위가 없거나 문체가 어울리지 않으면 훌륭한 내용이라도 아무런 가치가 없다. 대화가 끝난 뒤에 좀더 좋은 화법은 없었는지 되새기는 자세도 필요하다.

호흡의 연결 방법, 강조하는 방법, 말하는 속도 등에서 적당하지 못한 곳이 있다면 반듯하게 고쳐 잡아라.

또한 매일같이 사회에서 일어나는 문제들을 자기 나름대로의 생각으로 정리하여 글로 써 보는 것도 대화의 연습이 될 것이며, 능숙하게 말하는 습관을 몸에 익히는 데에도 도움이 된다.

대중 연설과 개인적인 대화의 차이는 존재한다. 아무런 가식이 없는 논리 정연한 화술은 두세 명이 모이는 장소나 사적인 모임에서는 설득력도 있고 호리는 힘도 있지만, 많은 대중들을 상대로 하는 공개적인 장소에서는 통용되지 않을 수도 있다.

'사적인 모임이든 공적인 회합이든 대중을 설득하고자 할 때에는 내용도 중요하겠지만 말하는 사람의 분위기와 표정·품위·몸짓·목소리·억양·사투리 등 지엽적인 부분이 더욱 중요한 역할을 할 때도 있다.'

어쩌다가 연설을 잘 하는 인사들을 보면 청중들의 초점을 자신에게 맞추고 열정적인 목소리로 조금도 흐트러짐이 없이 연설을 함으로써 장내의 사람들을 압도하는 권위를 보이는 경우가 있다. 그들 앞에 더 이상의 논쟁은 존재하지 않는다. 마치 쥐 죽은 듯이 조용한 가운데 모든 사람들이 귀를 기울이고 있는 것이다.

그렇다면 그런 사람들의 연설이 대중들을 공감의 장으로 끌어들일 수 있는 힘을 가지고 있는 까닭은 무엇일까. 내용이 훌륭해서인가, 아니면 이론적인 뒷받침이 되어서인가. 필자도 그러한 연설에 공감을 느끼고 동의한 적이 있지만, 곰곰이 생각해 보면 놀랍게도 내용은 빈약하고 주제도 설득력이 부족한 점이 많았다. 그것은 우리가 연설에서 어떠한 가르침을 받기보다는 즐겁게 들을 수 있는 경우를 선택하기 때문이며, 나아가 그들의 지엽적인 웅변술에 매료되어 있었기 때문이다.

연설자가 청중의 마음을 얻고 싶다면 그들이 기뻐하는 방법으로 만족시켜 주어라. 강연이나 설교를 듣는 군중들을 과대 평가하지 말고 오로지 연설의 주제와 화법에만 정신을 집중시켜라. 일단 청중들의 심리 욕구에 어떻게 대응할 것인가를 파악하고 나면 그 뒤에는 능동적으로 대처할 수 있기 때문이다. 연설자가 청중의 개성까지 좌지우지할 수는 없다. 어디까지나 있는 그대로 그들을 받아들이면 군중들은 자신들의 오감이나 마음을 사로잡는 것만으로도 즐거운 분위기에 젖어든다.

역경에 '언행군자지추기言行君子之樞機'라는 문구가 있다. 학식과 덕행이 높은 사람인지 아닌지를 판단하는 척도는 언행에 있다는 뜻이다. 군자된 자는 말과 행동에 늘 신중을 기하지 않으면 안 된다. 추기樞機란 사물의 가장 중요한 대목이라는 의미이다. 명군으로 일컬어지는 당나라 태종이 "언어는 군자의 추기이다" 라고 전제한 후에 다음과 같은 말을 덧붙였다.

"남과 대화를 나눈다는 것은 진정 어려운 일이다. 일반 서민들 사이에서도 상대방의 기분을 언짢게 하는 말을 하면 그 자는 분명히 앙갚음을 당할 터인데, 하물며 군주된 자가 한 말은 아무리 사소한 실언일지라도 백성들에게 미치는 영향은 더없이 큰 것이다. 이것은 서민의 경우와 같은 반열에서 논할 수가 없다."

무책임한 발언뿐만 아니라 행동에 있어서도 매한가지이다. 자신의 지위가 높이 올라갈수록 발언과 행동을 스스로 경계하고 삼가야 할 것이다.

논어에 '군자욕눌어언君子欲訥於言, 이민어행而敏於行'이라는 문구가 있다. 군자는 말은 어눌하더라도 실행에는 민첩하다는 의미이다. 곧 말보다 실천이 앞서야 한다는 것이다. 말만 번드레하게 하는 작금의 위정자爲政者들에게 들려주고 싶은 이야기이다. 한족들은 예로부터 자기 주장이 강하고 변설辯舌에 뛰어난 듯하다. 특히 부당한 처우를 당한다는 생각이 들면 그들은 맹렬하게 들고 일어선다.

그러나 능변과 수다는 도가 지나칠 경우 오히려 적자 요소로 작용한다. 주장해야 할 때에는 과단성이 있고 용감하게 나서야겠지만 평상시에는 과묵한 편이 좋을 듯하다.

서두르지 말고 느긋하게 처신하라

많은 사람들이 치열한 경쟁심에 사로잡혀 있으면서도 늘 인생살이가 무슨 비상 시국이라도 되는 것처럼 아등바등 살아가는 주된 이유는, 우리가 보다 한가롭고 평화스러운 존재가 된다면 인생의 목표를 성취하는 일이 불가능해질지도 모른다는 두려움 때문이다. 그러나 실제로는 그와 정반대의 현실이 전개된다는 사실을 깨달음으로써 두려움을 떨쳐 버릴 수 있다.

'염려하거나 참을성이 없이 급하게 사는 인생은 엄청난 양의 에너지가 소모된다. 그리고 우리의 삶에서 창조적인 특성과 동기 부여를 고갈시킨다. 생활 속에서 마음껏 향유할 수 있는 인생의 즐거움을 누릴 수 없는 것은 물론이고, 자신이 지닌 위대한 잠재력을 일깨우는 것조차 불가능해진다. 우리가 일궈낸 그 어떤 성공도 자신의 두려움을 극복한 결과로써 얻어진 것이지 두려움 때문에 얻

을 수 있었던 것은 결코 아니다.'

우리가 내면의 평온을 얻는다면 분수에 지나친 욕심과 허영 등에 의해 마음이 미혹되는 일은 없다. 그래서 목표에 집중하고 성취하며 그런 결과들을 남에게 베푸는 일도 훨씬 수월할 것이다.

불합리하고 그릇된 주관적 신념에 사로잡혀 있을 때 느끼는 초조함이 얼마나 큰지 생각해 본 적이 있는가. 더 나아가서 자신을 불안하고 초조하게 만드는 일에 매이면 매일수록 우리의 관념은 더욱 혼돈의 상태로 추락하게 된다.

한 가지 생각은 다른 생각을 낳고, 그 생각은 또 다른 생각으로 이어진다. 따라서 보다 평화로운 사람이 되는 효과적인 방법은 바로 부정적이거나 불안한 생각이 우리의 마음을 얼마나 빨리 통제 불능의 상태로 몰아가는지를 스스로 깨닫는 것이다.

이를테면 늦은 밤 잠자리에 들면 불현듯 그 다음 날 해야 할 일들이 떠오르는 경우가 있다. 그러면 그렇게 중요한 일을 생각해 냈다는 사실에 마음을 편히 하기는커녕 그 다음 날 해야 할 다른 일들까지 모조리 기억하기 시작한다. 더구나 내일 고객과 상담할 대화를 머릿속으로 떠올리기 시작하면 불안·초조감은 더욱 가중된다. 그러고는 '아하, 내가 너무 바쁘게 살고 있구나. 도대체 무슨 인생이 이렇단 말인가' 하고 자신을 딱하게 느끼는 단계에 이를 때까지 생각은 자꾸 커져만 간다.

'일의 갈피가 어수선하고 복잡한 상태에서는 마음의 평온을 찾을 수 없다. 그러나 해결책은 있다. 믿지 못하는 마음이 꼬리를 물고 커지기 전에 머릿속에서 일어나고 있는 일들은 사리에 맞게 정

리하는 것이다.'

생각의 시초가 커지는 것을 멈추게 하는 것은 그 조치가 빠르면 빠를수록 좋다. 우리의 생각이 다음 날 할 일들의 목록을 뒤지기 시작하는 순간이 생각의 시발점이라는 것을 인지하고 '내가 또 생각의 구렁텅이에 빠지면 안 되지' 라고 자각하면서 그런 생각이 시작되는 첫 출발점을 의식적으로 싹둑 잘라 버려라. 곧 생각이 시작되기도 전에 그만두게 하는 것이다.

예를 들면, 어떤 잡스러운 생각이 늦은 밤 잠자리에서 떠오른다면 그 내용을 메모지에 적어 놓고 다시 잠자리에 들도록 하라. 그리고 그런 순간을 대비하여 머리맡에 필기구를 준비해 두는 습관을 들이라. 그러면 자신이 여북이나 억눌려 지내는지에 초점을 맞추기보다는 오히려 다음 날 반드시 해야 할 일을 기억해 낸 것에 대해 고맙다는 생각이 들 것이다. 그리고 이 간단한 전략이 얼마나 효율적인지 자신도 놀라게 된다.

우리는 진실로 바쁜 사람일지도 모른다. 그러나 얼마나 일에 억눌려 사는지 따위의 잡된 상념으로 머릿속을 꽉 채운다면 스트레스를 더욱 증가시켜 문제를 악화시킨다는 사실을 유념하라.

'우불우자시야遇不遇者時也'라는 순자荀子의 말씀이 있다. '일이 잘 되고 안 되고는 다 때가 있게 마련이다'라는 의미이다. 공자가 제자들과 함께 여러 나라를 전전하며 유세를 할 때의 일이다. 뜻하지 않게 어느 한 나라의 정쟁에 휘말려 오도 가도 못 하고 며칠씩이나 묶인 적이 있었다. 이때 자로子路라는 제자가 "군자도 이런 곤란에 처할 때가 있습니까?" 라고 따져 물었을 때 이 순자의 말씀을 인용하여 자로의 불만을 달랬다고 한다.

우遇는 무엇을 하든 잘 풀려 나가는 것이고, 불우不遇는 그와 반대로 무엇을 하든 일이 잘 안 되는 것을 말한다. 그것은 시時, 즉 때를 얻었나, 못 얻었나에 따라서 달라진다는 의미이다. 인생은 누구나 우遇와 불우不遇가 항상 따라다니게 마련이다. 문제는 그 불우한 시기를 어떻게 넘기는가이다. 이때 유난히 비굴해진다든가 소극적이었다가는 장래를 망친다. 공자는 이 시기를 심신心身을 단련하고 행동을 바르게 하며 때를 기다리라고 논했다. 묵묵히 자신을 수련하면서 기회가 오기를 기다리라는 것이다.

후한서에 '유지자사의성有志者事意成'이라는 글귀가 있다. 뜻을 지니고 있는 사람은 아무리 어려운 일이라도 해낼 수 있다는 의미이다. 그러면 뜻이란 무엇인가. 그 뜻에 대하여 모두들 아는 것같이 행동하지만 완전히 이해하고 있는 사람은 의외로 드물다.

'진정으로 뜻이란 다음과 같이 두 가지의 측면으로 생각하면 옳을 것이다. 첫째, 마음 속에 스스로 의식하고 있는 뚜렷한 목적이 있어야 하고, 둘째, 그 목적을 이루어 내려고 하는 강력한 의지가 있어야 한다. 다시 말해서 목적과 의욕이 분명해야 비로소 그 뜻을 이룰 수 있다는 것이다.'

이렇게 볼 때 인간은 누구나 뜻을 지녀야 하겠다. 왜 그런가 하면, 그 뜻이 없다면 시세에 따라 표류하는 인생이 되기 때문이다.

자신의 모습을 그대로 받아들여라

자신의 모습을 있는 그대로 받아들여야 하는 까닭은,

첫째, 자신에게 보다 관대해지고,

둘째, 자신감을 기를 수 있다는 것이다.

비관적이거나 자신감이 없이 행동할 때 별로 나쁘지 아니한 척 꾸며 보일 것이 아니라, 자신의 참 모습에 마음을 열고, "나는 지금 두려움을 느끼고 있어. 그렇지만 괜찮아" 라고 자신 있게 말하라.

화가 나고 욕심이 생기고 질투가 난다면 그 감정을 거부하거나 묻어둘 게 아니라 솔직히 받아들이는 게 좋다. 그리하면 그런 감정들을 재빨리 헤치고 나아가면서 그 이상으로 성취할 수 있다.

'부정적인 감정들을 대단한 것으로, 혹은 두려움의 대상으로 생각하지 않는다면 우리는 그러한 감정으로 더 이상 놀라지 않을 것이다. 문제는 우리한테 붙따르는 부정적인 생각을 어떤 방식으로 어떻게 처리할 것인지 선택의 문제이다.'

해법은 그런 생각들을 철저히 분석하여 원인을 규명하든가, 아니면 부정적인 생각들을 아예 무시하는 방법을 익히는 것이다. 전자는 여러 방면을 자세히 따져서 한번 더 생각하는 것이고, 후자는 반대로 모든 생각들을 지우려 애쓰고 별로 심각하게 받아들이지 않는 것이다. 물론 후자의 선택이 훨씬 효율적이다.

잡스러운 생각이 떠오를 때 그 생각은 자신의 동의 없이는 자신에게 해를 입힐 수 없다. 예를 들어 '나는 어려서 집안의 어려움으로 공부를 계속하지 못해 지금 이 고생인가' 라는 생각이 들어 화가 난다면 곧 그 생각에 갇히게 될 것이고, 그로 인해 우리의 내면에는 혼란이 일어 '나는 정말 불쌍한 존재인가'라고 자신에게 확신시킨다. 그러나 우리의 마음은 부정의 응어리를 만들려고 하는 것을 알아차릴 수 있다. 따라서 그 생각을 지우는 쪽을 선택할 수 있는 것이다. 이것은 자신의 어린 시절이 힘들었다는 것을 부정하는 것이 아니다. 다만 지금 이 순간 어떤 생각에 초점을 맞출 것인지를 선택하는 권한이 자신에게 있다는 것이다.

우리가 모든 면에서 완전 무결할 수 없다는 사실을 알게 되는 날 더 이상 자신의 삶을 결점이 없는 것처럼 꾸미거나 언젠가는 그럴 것처럼 기대하지 않아도 된다. 그러면 지금 이 순간부터 자신의 모습을 받아들일 수 있다.

자신의 완벽하지 못한 점을 받아들일 때 인식을 초월하는 놀라운 일이 벌어지기 시작한다. 부정적인 면과 함께 우리가 지닌 여러 모습 중에서 지금까지 높게 평가되지 않았거나 모르고 있었던 긍정적인 경이로운 면모가 드러나기 시작한다. 마음 속에 숨어 있는 이기심에서 행동할 때도 있지만 믿기지 않을 정도의 무념의 상태에서 행동을 할 때도 있다는 것을 알아챌 수 있다.

물론 때에 따라서는 불안이나 초조함을 느끼며 바짝 긴장하는 경우도 있지만 대부분의 행동에서 용기를 얻을 것이다. 우리가 결코 완벽할 수 없다는 사실에 마음의 문을 여는 것은 자신에게 "나는 완벽하지 않을 수도 있어. 그러나 현재 나의 모습도 괜찮아" 라고 말을 하는 것이다. 부분적인 개성이 두드러져도 이제는 그것을 보다 큰 그림의 한 부분으로 이해하기 시작한다. 그저 인간이라는 이유만으로 자신을 판단하거나 평가하지 말고 사랑이 담긴 친절과 포용력으로 자신을 존중할 수 있는지를 확인하는 것이다.

'우리는 아마도 실패의 극치인지 모르겠지만, 그래도 이 세상에 존재하고 있다는 사실에 마음이 놓인다. 그리고 그 모든 행위에서 마음을 채우고 있는 비관적인 생각을 무시하거나 버릴 수만 있다면 금시 평온한 감정이 깃들고, 그리고 보다 평온한 마음의 상태에 서라면 우리의 지혜와 상식은 자신이 해야 할 일을 제시해 줄 것이다.'

'인막감어유수人莫鑑於流水, 이감어지수而鑑於止水'라는 장자莊子의 말씀이 있다. 인간은 흐르는 물을 거울로 삼지 않고 멈추어 있는 물을 거울로 삼는다는 뜻이다. 흐르는 물은 항상 흔들리기 때문에 사람의 모습을 비추어 볼 수 없다. 그러나 정지되어 있는 물은 언제나 고요하기 때문에 있는 그대로 사람의 모습을 비추어 볼 수 있다. 인간도 이와 마찬가지로 조용하고 맑은 심경을 지니고 있다면 언제 어떠한 지경에 이르더라도 당황하는 일이 없이 올바른 판단을 내릴 수 있다.

여기에서 '명경지수明鏡止水'라는 글귀가 생겨났다. 맑은 거울과 조용한 물이라는 의미로서 맑고 고요한 심경을 이룬다는 것이다. 무슨 일이든 잡된 상념과 욕망이 가득 차 있으면 그것에 발목을 잡히고 만다. 심적 형상의 관념이 마음 속에 내재되어 있다면 그것에 사로잡혀 유동하는 정세에 대응할 수 없다는 뜻이다. 승부도 이

기려는 욕심이 가득하면 몸이 굳어져서 평소의 실력을 발휘할 수 없게 된다. 대응에 실수가 없으려면 명경지수의 자세로 임하는 것이 승리의 첩경이다.

논어에 '불환무위不患無位, 환소이립患所以立'이라는 구절이 있다. 지위가 없음을 불평하지 말고 실력을 기르는 데 애를 쓰라는 내용이다. 아무리 기다려도 높은 지위에 오르지 못한다고 한탄하기에 앞서 그러한 위치에 오를 수 있는 실력을 기르라는 것이다. 논어는 공자의 말씀과 행동을 적은 유교의 경전으로서 사서四書의 하나이다.

공자도 그러한 자리에 올라 자신의 수완을 마음껏 펼쳐 보이기를 간절히 원했던 사람이다. 그러나 그의 인생은 좋은 때를 만나지 못하고 불우했으며, 그런 꿈은 이루어지지 않았다. 어쩌면 그도 꿈을 펼쳐보지 못한 자신을 한탄했으리라.

'그러나 불행한 시절은 인생살이에서 누구나 있게 마련이다. 그럴 때에 스스로 포기하거나 일정한 목적이 없이 헤맨다면 전망은 더욱 어두워진다. 묵묵히 인내하면서 자신을 부단히 연마하면 결과는 어떻게 나타나든 간에 자신을 납득시킬 수는 있을 것이다.'

기회를 잡아라. 그리고 놓치지 말라

성공은 기회를 포착하는 데 있다. 기회는 대부분의 인간에게 고루 분포되어 있지만 그 기회를 어떻게 운용하는가는 전적으로 자신에게 달려 있다. 누구는 아주 작은 기회를 도약의 발판으로 삼아 멋지게 성공하는가 하면, 누구는 절호의 기회를 잡지 못하고 상실감에 빠져 인생을 포기한 채 살아간다.

'선택은 우리가 한다. 인생에는 수많은 갈림길이 있고 우리의 선택에 의해서 운명이 주어진다. 우리는 기회를 볼 수 있는 능력이 있고 그것을 활용할 수 있는 재능이 있다. 따라서 내가 나의 운명을 선택할 수 있는 힘을 가지고 있다는 사실을 인식하라. 지금의 처지가 불만족스럽다면 그 상황을 바꾸는 일을 선택할 수 있다. 물론 변화를 두려워할 수도 있겠지만, 지금 우리의 삶이 만족스럽지 못하다면 자신의 선택에 의해서 모든 상황을 바꿀 수 있다는 것이다.'

우리는 겸손을 아름답고 갸륵한 덕행으로 생각한다. 그 자신은 이미 많은 성과를 창출하고 해박한 지식과 놀라운 재능을 지니고 있음에도 불구하고 자신은 늘 부족한 사람이라고 자처한다. 그러나 현 시대는 치열한 경쟁 사회이기 때문에 경쟁 의식이 없다면 낙오되기 십상이다. 그러므로 현대의 사회에서 나를 내세우지 않는 것은 오히려 큰 단점이 될 수도 있다.

성공의 기회를 잡을 수 있는 마음의 자세는,

첫째, 인생의 행로에서 가장 중요한 것은 명확하고 구체적인 목표이다. 능력을 발휘해서 자신의 가치를 실현시킬 수 있는 길이라면 최선을 다 해 단단히 부여잡고 놓치지 말라.

둘째, 기회는 준비된 자를 선택한다. 지식·능력·성품 등 자신의 소질을 개발하고 향상시킴으로써 도처에 산재한 기회를 발견하고, 시련과 역경에 부딪치더라도 굳세게 일어나 밝은 미래를 창조할 수 있는 뚝심을 기르라.

셋째, 정상은 도전하는 자만이 정복할 수 있다. 항상 적극적인 마음가짐으로 잘못하여 일을 그르치는 한이 있더라도 재도전할 수 있는 자신감을 가져라.

결국 성공은 어려운 처지에 놓여도 끝까지 포기하지 않고 도전하는 자의 몫이다.

자신의 능력과 재능을 믿는다면 누군가 추천해 주기를 기다리지 말고 자진해서 기회를 찾아 그 실력을 발휘하라. 패자는 때가 오기를 기다리지만, 승자는 그 때를 창출한다. 기회를 기다리는 자는 한숨을 쉬며 탄식하고, 기회를 창출하는 자는 성공을 쟁취한다. 기회는 거저 얻어지는 것이 아니다. 매순간 준비되어 있는 자만이 기회를 포착할 수 있다.

예기禮記에 '임난무구면臨難毋苟免'이라는 글귀가 있다. 곤경에 처하는 일이 있더라도 피하지 말라는 의미이다. 이 경우, 어떠한 곤경이나 어려움에 정면으로 맞서라는 것은 아니다. 왜냐 하면 소인은 깊은 생각 없이 혈기만 믿고 날뛰는 필부지용匹夫之勇에 지나지 않기 때문이다.

예기의 글귀를 숙고해 보면 의義를 상하게 하기 때문이라고 되어 있다. 피하여 달아나는 것은 의에 반하는 행위이기 때문에 그것은 잘못이라는 것이다. 따라서 이 글귀를 원서의 의미대로 해석하면 자기 자신이 옳다고 판단해서 추진한 일은 중도에 어떠한 곤란이 닥쳐도 피해 가면 안 된다는 것이다.

일반적인 곤경에 처한 경우에는 그 때의 사정과 형편에 맞추어서 그 일을 알맞게 처리하면 되는 것이지, 반드시 정면으로 돌파하는 것만이 능사가 아니다. 그러나 자신이 옳다고 판단되는 문제까지 피해 가려 한다면 인생의 근간이 흔들리고 만다.

대학大學에 '구일신苟日新, 일일신日日新, 우일신又日新'이란 문구가 있다. 진정으로 날마다 새로워지면 나날이 새로워지고, 또 날로 새로워진다는 뜻이다. 곧 자기 계발을 권유한 문구이다. 대학은 사서四書의 하나로서 공자의 가르침을 정통으로 표현한 유교의 경전이며 전문이 1,753자로 된 책자인데, 그 내용은 '수신 제가修身齊家 : 몸과 마음을 닦고 집안을 다스린다, 치국 평천하治國平天下 : 나라를 잘 다스리고 온 세상을 편안하게 한다'의 핵심을 논한 것이다.

수신이란 남의 강요에 의해서 되는 것이 아니고, 자신을 단련하고자 하는 자구적 노력이 있을 때 이루어지는 것이다. 고대 은殷나라의 명군 탕왕이 위 주제의 글을 세숫대야에 새겨 넣고 매일 아침 되새기며 수신의 결의를 다짐했다고 한다.

우리가 이런 결의가 없다면 제아무리 나이가 들고 경험이 많아도 진일보를 바랄 수 없다.

언행은 부드럽게, 의지는 굳게 하라

상대방을 대하는 언행은 부드럽지만 의지가 굳세지 못하면 어떻게 될까. 붙임성은 좋지만 마음이 유약해서 비굴하고 소극적인 인간으로 전락해 버린다. 반대로 의지는 굳세지만 언행이 부드럽지 못하면 어떻게 될까. 주관이 강하고 용맹스럽지만 앞뒤를 분간하지 못하고 돌진하는 인간이 된다.

그래서 이 두 가지를 모두 갖추는 것이 바람직하지만 실은 그렇지 못하다. 특히 의지가 강한 사람들 중에는 혈기 방장한 사람이 많은데, 이들은 생각과 언행의 부드러움을 연약함이라고 단정하여 무엇이든 힘으로 관철하려는 성향이 있다. 이 경우 상대가 내성적이고 소심하다면 자신의 뜻대로 진행이 되겠지만, 그렇지 않으면 상대에게 불쾌감을 주고 불신을 초래하여 목적을 달성할 수 없다.

물론 언행이 부드러운 사람 중에서도 가식적인 입발림으로 교묘하게 위장하여 이득을 취하려는 사람도 있다. 마치 자신의 의지 따위는 없는 것처럼 꾸미고 상대를 들뜨게 맞추면서 자신의 목적을 달성하는 것이다. 그러나 이런 사람은 어리석은 자는 속일 수 있어도 진실성이 없어 금방 정체를 드러내고 만다.

'여기에서 말하는 의지는 우격다짐이 아니다. 자신의 기품과 위엄을 지키면서 조금도 흔들림이 없는 의지와 용기는 그들의 마음을 사로잡을 것이며, 부드러운 언행은 상대를 적으로 만드는 것을 방지한다. 양순하고 내성적이며 항상 자기의 주장을 굽혀 남의 의

견을 좇는 사람은 간사하고 악독한 인간이나 타인의 고통을 이해하지 못하는 사람들에게 짓밟히고 만다. 그러나 부드러움에 강력한 의지만 더 한다면 경멸당하지 않고 사랑을 받으면서 대부분의 일을 자신의 의지대로 이끌어갈 것이다.'

협상을 할 때에도 굳건한 의지와 부드러운 언행으로 일관되게 임한다면 최소한 상대방의 의중대로 끌려가지는 않는다. 그리고 아무리 부드러운 태도를 취할지라도 자신의 의견은 분명하게 개진하고, 무엇보다 상대방의 의견이 불분명한 경우에는 확실히 그 사실을 지적하라. 다만, 이때 중요한 것은 표현 방법이다. 의견을 말할 때의 태도와 분위기, 언어의 강약, 목소리 등을 침착하고 유연하게 표현하는 것이다. 예를 들면, "그 말씀도 이치에는 부합되지만 제 생각은 이렇습니다. 그렇게 확신을 갖고 있는 것은 아니지만 어쩌면 이런 뜻이 아닐까요?"라는 등의 어투는 유하게 들리겠지만 설득력이 없지는 않다.

어떠한 논제를 가지고 여러 사람이 제각기 의견을 제시하며 논의할 때 주위를 둘러싸고 있는 상황이나 분위기를 좋은 방향으로 이끌어갈 수 있도록 노력하라. 따라서 스스로도 상처를 입지 않았고 상대방의 인격을 손상시킬 생각도 없다는 것을 진지한 태도로써 보여주어라. 의견 대립은 비록 일시적이더라도 서로를 꺼림하게 만들기 때문이다. 얼굴 표정, 말하는 방법, 언어의 선택, 발성 등이 거세지 않고 유연하면 언행은 부드러워지고 거기에 굳건한 의지를 더 한다면 믿음을 주어 뭇 사람들의 마음을 사로잡게 될 것이다.

예기禮記에 '예의지시禮義之始, 재어정용체在於正容體, 제현색순사령齊顯色順辭令'이라는 글귀가 있다. 예의의 시작은 용모를 단정히 하고 표정은 부드럽게, 말은 온순하게 하는 데 있다는 뜻이다. 예기에서는 무릇 사람이 사람다운 까닭은 예의에 있다고 주창하고 있다.

이에 의하면 예의의 기본은,

첫째, 용모와 태도를 바르게 하고

둘째, 안색을 편안하게 할 것이며

셋째, 언어의 구사에 신중할 것

이 세 가지이다. 다시 말하면,

첫째, 정중히 행동해야 할 자리에서 안하무인격 태도를 취해서는 안 되고

둘째, 슬픔을 표현해야 할 자리에서 웃어서는 안 되며

셋째, 그 분위기에 어울리는 인사말 정도는 할 줄 알아야 된다는 것이다.

이상 세 가지 사항은 인생을 살아가면서 가장 기본적으로 지켜야 할 수칙이나 다름없다. 이를 제대로 이행한다면 그 어느 곳에서도 빈축을 사지는 않을 것이다. 따라서 소싯적부터 이 세 가지의 예절을 확실하게 몸에 익혀 두어라.

논어에 '군자유구사君子有九思'라는 구절이 있다. 군자가 항상 마음을 써야 할 아홉 가지의 생각이라는 뜻이다. 군자는 언제나 유념해야 할 아홉 가지의 규칙이 있다고 공자는 논했다.

첫째, 시각視覺에 있어서 명민明敏할 것이며

둘째, 청각聽覺에 있어서는 예민하고

셋째, 표정에 있어서는 부드러울 것이며
넷째, 태도에 있어서는 성실하고
다섯째, 언어에 있어서는 충실할 것이며
여섯째, 행동에 있어서는 신중하고
일곱째, 의문 나는 일이 있을 때는 탐구심을 가질 것이며
여덟째, 감정에 이끌려 미혹되지 말고
아홉째, 이득을 보면 의義를 잊지 말라는 것이다.

근검 절약하는 습관을 길러라

사리에 밝은 사람은 자신의 명예를 손상시키거나 윤리적으로 도움이 되지 않는 일에는 결코 돈을 쓰지 않는다. 지혜로운 사람은 금전 관리도 시간과 똑같이 헛되이 운용하지 않는다. 자기 자신과 대중을 위해 도움이 되는 일과 지적인 기쁨을 얻을 수 있는 곳에 돈을 사용할 뿐이다.

그러나 어리석은 사람은 필요하지 않는 일에는 돈을 낭비하고 정작 필요한 곳에는 돈을 쓰지 않는다. 예를 들면, 주색잡기·외제품 사재기 등에는 흥청망청이지만 정의로운 일이나 마음의 양식이 되는 환경 개발에는 돈을 쓰지 않는 것이다.

'세상에는 사치와 낭비를 부의 상징으로 착각하고 과시하는 인간

들이 있다. 그러나 근검 절약은 아름답고 갸륵한 덕행이며, 사치는 악 가운데 가장 큰 악이다.'

따라서 어려서부터 근검 절약하는 습관을 길러라. 돈은 힘들게 땀을 흘려야만 얻어지는 것을 깨닫고 놀고 즐기는 데 낭비하는 일이 없이 반드시 소용이 있는 곳에 쓰도록 하라. 한강물도 퍼 쓰면 줄어드는 법이거늘 집에 금은보화가 아무리 많아도 놀고먹다 보면 없어질 날이 오게 마련이다.

그렇다면 근검 절약을 어떻게 생활화하는가. 평소의 일상 생활 습관부터 길러야 한다. 음식을 남기거나 버리기 전에 제대로 먹지도 못하는 빈곤층을 생각해 보고, 전기를 과도하게 소비하기 전에 우리나라 에너지 자원의 부족함을 떠올려 보라. 그리고 채신없이 먹어대는 군것질의 용돈에 부모님의 피와 땀이 배어 있다는 사실을 명심하라.

이런 식으로 자기를 조절하다 보면 자신도 모르게 근검 절약하는 습관이 몸에 밸 것이다.

근검 절약하는 방법을 제시하면 다음과 같다.

첫째, 금전의 개념을 정확히 이해하고 돈의 사용법을 배워라. 돈은 무엇이고 어떻게 써야 하는지를 명확하게 이해하라.

둘째, 계획적으로 적절하게 운용하고 저축하라. 자금 사정을 살펴가며 돈을 쓰는 습관을 들이고 재테크하는 방법도 익혀라.

셋째, 노동을 체험하여 돈의 소중함을 깨달으라. 낭비는 근로의 귀중함을 알지 못하고 노동을 대수롭게 여긴다. 노동을 체험하여 돈벌이의 고통을 느껴 보라.

그러나 근검 절약과 인색함은 구분되어야 한다. 재물을 아끼는 태도가 너무 지나쳐 다툼에까지 이르는 경우가 있다. 그 사람은 자신의 행동 때문에 수전노라고 불리는 것을 알지 못한다. 과도한 욕심으로 인해 자신의 능력에 미치는 범위 안에 있는 소중한 것을 보지 못하고 있는 것이다. 건전한 영혼을 지닌 인간은 어디까지가 자신의 한계인지 잘 알고 있다.

그러나 그 경계선이 애매 모호하여 각별한 분별력이 없다면 쉽게 보이지 않는다. 따라서 분수를 알고 분별력을 길러서 어디까지가 자신의 능력이 미치는 범위인지 파악하여 근검 절약과 인색함을 구분하고 구두쇠라는 소리를 듣지 않도록 유의하라.

'시간도 절약하라. 우리는 시간의 흐름 속에서 인생의 여정을 시작하고 흥망성쇠를 거듭한다. 시간을 투철하게 관리하는 자가 시간을 효율적으로 응용할 수 있고 성공의 열쇠를 거머쥘 수 있다.'

시간의 가치는 각각의 대상에게 서로 다른 의미를 부여한다. 살아 숨쉬는 동물에게는 시간이 생명이고, 기업가에게 시간은 돈이며, 학문을 닦는 사람에게 시간은 자원이고, 근면한 사람에게 시간은 지혜와 능력이며, 타성과 나태에 젖어 있는 사람에게 시간은 후회와 아쉬움만 남긴다. 그러므로 올바른 시간 활용법을 터득하여 시간을 지배하라.

동서고금을 막론하고 성공한 사람들은 시간의 가치를 소중하게 여겼다. 그들의 성공은 시간의 중요함을 인식하고 부단한 노력을 한 결과이다. 따라서 이미 허비한 시간에 매여 있지 말고 체계적으로 시간을 운용하여 앞으로의 일에 대비하라. 틈새 시간을 만들어서 그 주인이 되어 보라. 성공은 바로 우리 앞에 있다.

'거무용지비去無用之費, 성왕지도聖王之道, 천하지대리야天下之大利也' 라는 묵자의 말씀이 있다. 쓸데없는 비용을 없애는 것은 어진 임금의 도이며 천하의 큰 이익이라는 뜻이다. 묵자는 모든 인간들을 똑같이 사랑하고 뒤에 숨어서 공격하지 않음을 주창한 사상가로서 근검 절약을 논했고 무용한 지출에 반대했다. 그것이 개인의 이익됨과 동시에 국가의 이익이며, 나아가 전 인류의 이익과도 합치된다는 것이다.

공자도 나라의 재정을 절약하여 백성을 사랑하라고 주장했다. 국가의 재정 규모를 원칙 없이 늘려 잡아 백성들에게 부담을 강요해서는 안 된다는 것이다. 동서고금의 예를 들 필요도 없이 재정의 무원칙한 확대는 나라를 피폐하게 만드는 근원이 된다.

근검 절약이 필요한 것은 국가·사회·개인이 모두 마찬가지이다. 한번 생활을 늘려 놓으면 줄이기가 쉽지 않다. 따라서 평소부터 소용이 없는 지출을 억제하여 뜻하지 않는 위난에 대비해야 한다. 근검 절약의 진정한 가치는 저성장 시대에 들어선 오늘날의 실제와 꼭 들어맞는다고 생각된다.

'대부유명大富由命, 소부유근小富由勤'이라는 격언이 있다. 큰 부자는 하늘이 내고 작은 부자는 근면이 낸다는 뜻이다. 명命이란 운명을 의미하고, 근勤이란 근면을 일컫는다. 다시 해석하면 큰 재물은 운명에 의해서 좌우되지만, 작은 재산은 근면 성실에 의해 이뤄진다는 것이다.

운명이 의식되는 것은 빈곤·좌절·불행 등의 위기에 봉착했을 때이다. 그러한 시기에 인간들은 마음의 불안을 회복시키는 역할을 운명에서 찾았고, 처한 입장 그 자체도 운명이라고 생각했다. 그러나 한 측면에서는 인간의 노력도 무시할 수 없다고 굳이 내세우고 있다. 그래서 넓게는 운명의 존재를 인정하면서도 그 범위 안에서 근면의 필요성을 역설하고 있는 것이다.

스트레스에 대한 저항력

복잡다단한 현대 사회의 삶은 엄청난 스트레스에 짓눌려 있다 해도 과언이 아니다. 그러나 다행히도 우리의 정서적 환경에는 불변의 법칙이 한 가지 있다. 그것은 현재의 우리가 겪고 있는 스트레스의 강도는 정확히 스트레스에 대한 자신의 저항력에 비례한다는 것이다. "나는 스트레스를 많이 받고 있지만 견딜 수 있어" 라고 말하는 사람들이 과중한 스트레스에 억눌려 지낸다는 사실을 알 수가 있다. 때문에 스트레스에 대한 내성을 키운다 해도 항상 살아가는 모습은 예전과 똑같게 마련이다.

'사람들은 외부로 나타는 스트레스의 정도가 저항력의 한계에 이를 때까지 많은 책임과 고통을 감내하려 한다. 우리들이 스트레스에 대한 경각심을 갖게 되는 계기는 대부분 건강상의 문제가 발

생하거나, 배우자가 자신의 곁을 떠나거나, 중대한 사건에 연루되어 인생을 망칠 경우에 처하는 등 새로운 삶을 모색하지 않을 수 밖에 없는 위기에 봉착했을 때이다.'

그러므로 우리는 스트레스에 대한 저항력을 키우기보다는 스트레스가 통제 불능의 상태로 악화되기 전에 미리 드러나 뵈는 빌미를 알아채는 것이다. 마음이 조급하게 움직인다고 느껴지면 그때는 한 걸음 뒤로 물러서서 행동거지를 돌아볼 때이다. 일정 관리가 제대로 안 된다면 마음을 느긋하게 먹고 목록에 올라 있는 모든 일에 전력을 다 할 것이 아니라 진정으로 소중한 것이 무엇인지 재차 생각해 볼 시기이다. 자제력을 잃고 있다는 생각이 들고 할 일들이 부담스럽게 다가온다면, 소매를 걷어올리고 그 일을 밀어붙이기보다는 한바탕 늘어지게 기지개를 켠 다음, 잠시나마 그 곳에서 벗어나는 것이 좋다.

스트레스에 짓눌려 압사하기 전에 먼저 그것을 조절할 수 있다면 그 스트레스는 몸 안에 자리잡은 작은 종기와 같다는 사실을 깨닫게 된다. 크기가 작을 때는 적절한 조치로 어렵지 않게 통제할 수 있지만, 안일하게 생각하여 그 시기를 놓친다면 생명에는 지장이 없다 해도 어려운 지경에 처할 것이다. 모든 것을 다 할 수 없을까봐 걱정할 필요는 없다. 마음의 여유가 생기고 스트레스의 수치가 낮추어진다면 보다 효율적으로 많은 즐거움을 누릴 것이다. 몸과 마음도 격정과 바쁜 일상에서 벗어나 휴식을 취할 필요가 있다. 자신의 심신에 휴식을 허락할 때 몸과 마음은 더 강하고 예리하며, 창의적인 모습으로 다시 돌아온다.

'자신에게 날아오는 비난을 스스럼없이 그대로 받아들여 보라. 그 비난은 덧없이 흘러가고 말 것이다. 가벼운 비난에도 쉽게 경직되어 스트레스에 억압당하는 경우가 종종 있다. 그러나 알고 보면 우리의 사고 방식이나 행동을 살펴본 것에 지나지 않는다.'

왜냐 하면 우리가 가진 여러 가지 구상 중에서 그 사람의 것과 일치하지 않는 것을 밖으로 드러내는 것에 불과하기 때문이다.

비난받는 일이 그리 대단한 것인가. 비난에 대해 방어적인 자세를 취할 때 그 비난은 우리에게 상처를 입히기 시작한다. 비난을 퍼부은 그 사람과 나 자신에 대해 험악하고 자괴스러운 생각이 가득 일게 될 것이며, 이 모든 반응은 엄청난 양의 스트레스로 분출하게 된다. 이럴 때 더없이 유익한 방법은 자신에게 쏟아진 비난을 수용하는 것이다. '그래. 그럴 수도 있겠지' 라고 말이다. 그렇다고 조준된 부정적인 판단들을 그대로 인정함으로써 나에 대한 자존심을 스스로 짓밟으라는 것은 아니다. 다만 그 비난을 수용만 해도 상황이 진정되는 경우가 있다는 사실을 얘기하고 있을 따름이다.

그리하면 상대방에게는 그의 입장이나 생각하는 견해를 피력할 계기를 만들어 주고 자신에게는 또 다른 입장으로 무언가를 배울 수 있는 기회가 되기도 한다. 그러나 무엇보다도 중요한 것은 냉정함을 유지할 수 있는 기회를 얻었다는 것이며, 방어적이지 않은 나의 반응이 상대로 하여금 너그러워지도록 도왔다는 사실이다.

비난에 즉각 반발하는 것이 결코 그 비난을 사라지게 하지 않는다. 비난에 대해 부정적으로 반응한다는 자체가 그런 비난의 말을 한 사람에게 진정 우리에 대한 평가가 정확했다는 확신을 심어 줄 뿐이다. 따라서 가끔은 비난을 그대로 수용한다면 그에 따르는 손해보다 이익이 더 많다는 사실을 인식하게 될 것이다.

'호아마야呼我馬也, 이위지마而謂之馬'라는 노자의 말씀이 있는데, 나를 말馬이라고 부른다면 나는 말인 것을 인정하겠다는 뜻이다.

어느 날, 한창 혈기 왕성한 장부가 노자의 소문을 듣고 고견을 듣기 위해 방문을 했다. 그러나 집 안에 들어서보니 지저분한 살림살이가 온통 널브러져 있고 역한 냄새가 진동하여 도대체 사람 사는 집 같지 않았다.

그는 노자를 쳐다보지도 않고 돌아갔는데, 다음 날 느끼는 바가 있어 다시 찾아가 어제의 일을 사과했다. 그러자 노자는 이렇게 말했다.

"그대는 성인군자가 어떻고, 현인지자가 어떠하다는 등의 관념에 사로잡혀 있는 것 같은데, 나는 그 따위 것에서 이미 벗어났네. 만일 그대가 나를 소라고 했다면 나는 그대로 인정했을 것이고, 또 말이라고 했다 해도 역시 인정했을 것이네. 사람들이 그렇게 말할 때에는 나름대로 근거가 있을 게 아니겠는가. 그것이 싫다고 물리친다면 더욱 고통스러워지겠지. 나는 무엇이든 거스르는 일이 없네."

사물의 진실을 꿰뚫어보는 뛰어난 견식이리라. 우리도 여기까지 통달할 수 있다면 인생이 한결 평탄해질 것이다.

채근담에 '열뇨중착이냉안熱鬧中着一冷眼, 편성허다고심사便省許多苦心思'라는 문구가 있다. 혼잡하고 분주한 상태에서도 냉정을 잃지 않으면 마음의 여유를 가질 수 있다는 뜻이다. 몹시 바쁘게 뛰어다니다 보면 아무래도 마음이 조급해지기 십상이다. 그래서 실수도 하고 뜻밖의 사고도 발생한다. 이를 피하기 위해서는 항상 침착하고 여유로운 판단력을 지녀야 할 것이며, 머리를 굴려 묘안을 짜내고 몸은 바삐 움직이더라도 마음은 한상 냉철함을 유지해야 한다.

따라서 평소부터 의식적으로 노력하여 감정에 사로잡히지 않는 냉정한 판단력을 기를 필요가 있다.

컴퓨터 사용을 제한하라

인터넷의 급속한 발전은 인류 생활의 전반에 걸쳐 막대한 영향을 끼치고 있다. 인터넷을 이용하는 네티즌 층은 매우 다양하고 그들에게 인터넷 웹서핑은 새로운 즐거움이다. 물론 인터넷이 우리에게 미치는 긍정적인 요인도 있다. 정치·경제·사회·문화·교육·세계화의 의식 등 인터넷의 정보화는 우리에게 새로운 문물과 신지식을 끊임없이 제공하고 미래에 대한 도전 의식을 싹트게 한다.

'그러나 인터넷의 정보화는 우리에게 악영향을 주는 내용도 분명히 있다. 많은 진실과 거짓이 함께 밀려다니고, 뿐만 아니라 객관적 실재가 없는 허구 공간인 인터넷에는 유익한 정보와 불건전한 정보가 공존한다.'

또한 효과적인 관리 감독이 부족하여 사행성 게임·불법 도박·음란 사이트 등에도 쉽게 접한다. 특히 성장기에 있는 청소년들은 옳고 그름의 판단 능력이 떨어지기 때문에 학업까지 멀리하고 몸과 마음의 건강을 해치고 있는 것이 현실이다. 인터넷의 불건전한 정보는 판단력과 가치관이 확립되지 않은 청소년들의 건강한 정신 형성에 지워지지 않는 상처를 남길 것이다.

따라서 컴퓨터·스마트폰의 중독이 얼마나 위험한지 정확히 인지해야 한다. 인터넷에 정신이 팔리면 심신의 건강을 해치고 심한 경우는 심리적인 변태로까지 발전할 수 있으며, 그 위험 정도는 마약이나 알코올 중독 못지않다. 그러므로 우리는 건전하고 절제된 컴퓨터 사용법을 익히도록 노력해야 한다.

컴퓨터·스마트폰을 지혜롭게 사용하는 방법은,

첫째, 자신의 통제력을 강화시켜 시선을 의식적으로 컴퓨터와 스마트폰에서 멀리하는 습관을 들이라.

둘째, 컴퓨터 이용 시간을 하루에 두 시간을 넘기지 않도록 정해 놓고 그 시간이 되면 컴퓨터에서 손을 떼라.

셋째, 인터넷과 현실을 구분하라. 인터넷 공간을 현실 도피의 수단이나 정신적인 버팀목으로 이용해서는 안 되며, 인터넷상의 인간관계가 현실적인 인간 관계를 대신할 수도 없다.

인간의 성향에 따라서 사물을 보는 시각이 다르듯이 인터넷이나 유흥의 영향을 받는 정도 역시 사람마다 다르다. 자기 통제가 분명하여 성공적인 삶을 영위하는 사람들은 그 영향이 미미하지만 실패자들은 허상의 세계로 흘러들기 십상이다. 따라서 바르고 확실한 목표 의식을 가지고 온전한 생활을 함으로써 불건전한 요소가 우리의 삶에 뿌리 내리지 않도록 각별한 주의가 필요하다.

컴퓨터 중독 현상에서 벗어나려면 시야를 자각하여 다른 곳으로 돌려라. 운동·취미·사회적인 활동 등 유익한 일에 적극적으로 참여하는 것이 좋다. 그래도 안 된다면 인터넷을 이용할 때 호기심이나 욕망을 자각적으로 억제하고, 통제력과 인내심을 강화시켜 컴퓨터·스마트폰을 사용하는 횟수나 시간을 점차 줄여 나가도록 시도해 보라. 그렇게 함에도 불구하고 혼자서 절제하기 어렵다면 가족이나 전문의에게 도움을 요청하라. 그리고 충고를 뼛속까지 맺히도록 받아들이라.

예기禮記에 '낙불가극樂不可極'이란 문구가 있다. 인생을 즐기되 지나치지 말라는 내용이다. 인생길에 따라서는 즐거움도 필요하다. 인생은 짧다. 그 짧은 인생에서 아기자기한 즐거움이나 만족스럽고 유쾌함이 없이 오로지 일에만 열중한다면 도대체 무엇을 위한 인생이란 말인가. 한번 주어진 인생인데 즐기며 살아야 하겠다.

그러나 문제는 그 즐기는 방법에 있다. 한 대기업의 회장이 노년에 내가 아주 모질고 끈질기게 살아온 인생길을 우리 자식들에게 권하고 싶은 생각이 없다고 술회하는 것을 들은 적이 있다. 무엇이든 원하는 대로 쉽게 만족을 얻은 사람들 중에는 오만하고 배려가 없어 원성을 사는 경우가 종종 있다. 물론 하고 싶은 일을 제대로 하지 못한다면 그것도 곤란하다.

'필자의 소견은 무엇이든 제 마음대로 할 수 있기보다는 어느 정

도 할 수 없는 편이 낫다고 생각한다. 모든 일은 그 정도에 알맞게 하는 것이 마땅하기 때문이다. 따라서 낙樂은 극極을 피해야 한다는 의미와 같이 즐거움도 적당한 것이 좋겠다.'

역경에 '견험이능지見險而能止, 지의재知矣哉'라는 글귀가 있다. '위험하다고 느꼈을 때에 멈출 줄 알아야 지인이다' 라는 의미이다. 위험을 살펴서 알았다면 나아가기를 후로 미루고 멈춘다. 그것이 지혜로운 사람이라는 것이다. 곧 '지자知者'란 단순히 지식이 많고 사리에 밝은 인간이 아니고, 스스로의 행동거지에 대하여 적절한 판단을 내릴 줄 아는 사람이다. 섣부르게 상황을 판단하고 곧바로 진출하는 것은 깊은 생각이 없이 혈기만 믿고 냅다 치는 객기에 지나지 않는다.

이렇게 인생을 살다가는 온전히 살아남을 수 없다. 불확실한 시대를 살아가기 위해서는, 그리고 살아남기 위해서는 전천후형의 인간이 될 수 있도록 노력하라. 전천후형이란 공격과 수비에 모두 능함을 말한다. 즉, 어떠한 악조건에도 견디어낼 수 있는 유형의 인간을 말한다.

'그러기 위해서는 객쩍게 부리는 혈기만 믿고 날뛰는 인간이 되어서는 안 된다. 위험하다고 판단이 되면 멈출 줄 아는 유연성이 필요하다는 것이다.'

현실에 순응하라

세상을 살아가는 데 있어 가장 기본적인 마음가짐은 우리의 삶이 반드시 어떤 방식으로 전개되어야 한다고 믿지 말고 현재의 모습 그대로에 마음의 문을 여는 것이다. 그 까닭은, 내적 생활에서의 많은 괴로움은 삶을 통제하려는 욕망에서 비롯되며, 자신의 삶이 현재와는 다른 모습으로 진행되어야 한다고 믿기 때문이다. 그러나 인생이란 우리가 원하는 모습으로 진보하고 발전하지 않는다. 따라서 지금 이 순간의 진실에 순응하는 마음이 크면 클수록 내면의 평화는 더욱 커진다.

'우리의 삶이 어떠한 모습이어야 한다고 미리 결정지어진 경우, 그 선입관에 사로잡혀 지금 진행되고 있는 현실을 즐기거나 배울 수 있는 기회를 상실하고 만다. 이런 습성은 우리가 지금 이 순간에 경험하고 있는 모든 것에 대해 자긍심을 갖지 못하게 한다. 그 경험이 커다란 깨달음을 얻을 수 있는 기회일지도 모르는데 말이다.'

누군가 우리를 곡해하여 비난할 때도 즉각 반응하기보다는 마음을 열고 현재 되어 가는 그대로의 상태를 수용토록 해 보라. 누군가 자신이 원하는 대로 행동하지 않아도 마음 상해 하지 말라. 심혈을 기울이고 있는 연구·사업 등의 계발 계획이 수포로 돌아간다 해도 패배감을 느낄 것이 아니라, '좋아. 그렇지만 다음에는 반드시 실현시키고 말 거야' 라고 생각할 수 있을지 헤아려 보라.

삶이 우리의 계획대로 진행되지 않아도 그리 괘념하지 않는 마음의 소유자가 되는 것이다. 일상의 어려움 속에서도 마음의 문을 활짝 여는 방법을 터득할 수 있다면 우리를 괴롭혀 왔던 모든 일들이 더 이상 걱정거리가 못 된다는 사실을 알게 될 것이다.

그렇지 않고 일에 직면하여 서로 옳고 그름을 주장하며 다툼이 있다면 삶은 거의 전투가 된다. 그것은 우리가 피투성이의 모습으로 갈기를 세우고 있는 싸움닭의 모습과 다를 바가 없다. 그러나 지금 이 순간에 진행되고 있는 현실을 받아들이고 그것으로 마음을 상하지 않는다면 더욱 평화로운 감정들이 생겨나기 시작한다.

'어려울 때의 상황이나 문제들도 인생의 한 부분이다. 진정한 행복은 문제가 완전히 사라질 때 오는 것이 아니고, 그 문제를 바라보는 시각을 바꿀 때 오는 것이다.'

이를테면 지금의 문제를 장래에 깨달음을 얻을 수 있는 원천으로 보고 자신의 인내를 실천하여 배움의 기회로 삼을 때 진정한 행복은 우리 곁에 모습을 드러낸다. 지금 해결해야 할 사항은 마음을 여는 연습을 할 수 있는 최적의 배움터가 되어야 한다. 이것이 영적인 삶의 가장 기본적인 이치이다.

딱 잘라 말하면, 반드시 해결해야 할 문제들도 얼마쯤은 있다. 그러나 그것은 현재의 삶을 다른 모습으로 바꾸려고 애씀으로써 스스로 만들어내는 문제들이다. 내면의 평화는 피할 수 없는 삶의 모순들을 이해하고 수긍함으로써 성취된다. 삶과 죽음, 성공과 실패, 기쁨과 슬픔, 있음과 없음 등이 그러한 모순의 개념이다.

종교적인 관점에서 논하면 성숙하고 평온한 삶의 성립은 고난과 역경이 삶의 내면에서 선구자 역할을 했기 때문이다. 따라서 고명한 수도자들은 자진해서 고난을 갈구하기도 한다. "나의 영혼이 진정으로 깨어 있도록, 그리고 번뇌와 속박 속에서 벗어나 속세간의 근심이 없는 편안한 심경을 동경하는 나의 실천이 이루어질 수 있도록, 이 인생의 여정에 적절한 시련과 고통을 내려 주십시오" 라고 말이다. 인생길이 너무 수월하면 성숙할 수 있는 기회가 그만큼 줄어든다는 것이다.

'굳이 문제들을 찾아다니라고 권하지는 않는다. 그러나 그 문제들로부터 달아나거나 자신에게서 문제를 털어내려고 애쓰지 않고, 심지어 그것들을 인생의 한 부분으로 수용한다면 인생이란 전쟁터이기보다는 세상사의 본질을 깨치게 되는 최고의 배움터라는 것을 알게 될 것이다. 이 포용의 철학은 자연스레 흐르는 삶의 중심에 그 뿌리를 두고 있다.'

역경易經에 '궁즉변窮則變, 변즉통變則通'이라는 문구가 있다. 궁하면 변하는 것이고 변하면 통한다는 뜻이다. 사태가 아무리 어려운 지경에까지 이르렀다 해도 거기에서 정세의 변화가 일어나고, 변화가 일어나면 다시 새로운 전개가 시작된다는 것이다. 이것이 인간세계의 변하지 않는 법칙이라고 역경은 논하고 있다.

우리 인생에서 가장 괴로운 시기는 앞뒤의 진로가 꽉 막혀 한 치 앞도 내다보지 못하는 상태에 처했을 때이다. 수양이 뚜렷하게 깊은 사람일지라도 이쯤 되면 실망과 불안 때문에 스스로 전도를 파괴하고 자포자기하여 대사를 그르치는 경우가 적지 않다. 그러나 이럴 때일수록 당황하거나 서두르지 말고 침착하게 정세의 변화를 기다려야 한다.

그리고 무조건 덮어놓고 기다리라는 것은 아니다. 역경에 의하면 군자는 기器를 몸에 익히며 때를 기다렸다가 움직인다고 하였다. 즉, 능력을 기르고 그것을 몸에 익히면서 때가 오기를 기다린다는 것이다. 이와 같이 기다린다면 반드시 변화하는 정세에 의해 새로운 전도가 열릴 것이다.

'안시이처순安時而處順, 애락불능입야哀樂不能人也'라는 장자의 말씀이 있다. 때가 되기를 기다리면서 그대로의 상태에 순응하면 애락이 없고 속박의 굴레에서 벗어난다는 뜻이다. 적당한 시기를 기다리면서 변화에 적응하여 따르면 얽어매어진 일상에서 자유로워질 수 있다. 사태의 흐름에 거역하지 않는 자연 그대로의 생활 태도가 가장 이상적인 사고 방식이라는 것이다.

수신 제가 치국 평천하修身齊家治國平天下를 내세우는 유가儒家들을 보고 장자는 "억지로 우겨서 그런 일을 왜 하는가?" 라며 비웃고 있다. 우리도 치국 평천하까지는 생각하지 않더라도 이런저런 목표를 세우고 무리를 하며 살아가는 것이 현실이다. 그러나 이처럼 악착을 떨며 모질게 살아가는 것이 인생의 전부는 아니다. 별안간의 생활 전환은 어렵겠지만 그래도 유유낙낙하게 인생을 즐기는 방법도 배워야 한다. 물론 노력과 정진은 필요하다. 그러나 인생에의 만족을 원한다면 장자와 같은 측면도 지녀야 할 것이다.

성공할 수밖에 없는 이유

성공할 수밖에 없는 이유는 의욕적이고 낙관적인 자신의 가치를 확신하고 있기 때문이다. 성공하는 사람들은 아무리 험난한 역경에 맞닥뜨려도 장래의 진전을 희망적으로 관측하고 한탄하거나 비관적인 정서에 빠지지 않는다. 적극적이고 긍정적인 생활 태도는 인간의 내면에 숨어 있는 잠재력을 이끌어 낸다. 그리하여 불행한 처지에 놓여도 의욕적인 자세로 정신을 바싹 다잡아서 고난을 극복하고 정상을 향해 한결같이 나아갈 수 있는 것이다.

'인간의 활동에는 낙관적인 면과 비관적인 면이 동시에 존재한다. 그 중에 낙관적인 면에 자신의 정서를 맞춘다면 무궁한 희망과 아름다운 결과를 얻을 수 있다.'

비관적인 심리를 극복하는 방법은,

첫째, 자기 자신을 끊임없이 격려하라.

자신의 정신 상태를 냉철하게 분석하고 의욕적이며 낙관적인 생활의 자세를 유지할 수 있도록 자신을 항상 격려하고 분기시키라.

힘들고 가슴이 답답할 때 숨을 깊이 들이마시면서 소리 높여 외쳐 보라.

"나는 할 수 있어. 반드시 해낼 거야. 나는 역시 똑똑해. 내가 최고야. 그래서 너무 즐거워."

이는 생활을 활기차게 하고 자신감을 높이는 데 효율적이다.

둘째, 기분을 전환시키라.

우울·분노·슬픔·불쾌 등의 비관적인 감정 상태를 건전한 방향으로 돌리는 것이다. 음악·영화·독서·미술 감상, 절친한 친구와의 교제 등 자신이 만족스럽고 유쾌하게 할 수 있는 활동을 하라.

셋째, 운동·요가·명상·산책 등을 통하여 심신을 단련하라.

매일 근처의 나무가 우거진 숲속의 오솔길을 산책하고 그 곳에서 가볍게 운동을 하라. 밝은 햇살과 향긋한 풀 냄새는 긴장을 풀어주고 자연의 즐거움을 느끼게 한다. 또 머리 모양이나 옷 입는 맵시 등의 외모에 변화를 주고 주위의 환경을 새롭게 꾸며 보라. 긍정적인 정서를 유지하는 데 효율적이다.

'스스로 생각하고 판단하는 법을 습득하는 것은 학문이나 기술을 배우고 익히는 것보다 더욱 중요한 일이다. 자신에게 질문을 자주 던지고 끊임없이 돌아보라. 그리고 스스로 해답을 찾아라.'

사고思考의 영역을 넓히는 것은 논밭에 씨앗을 뿌리는 일과 같고, 행동은 그 열매를 수확하는 것과 같다. 능동적으로 생각하고 궁리하는 습관은 지식을 얻고 새로움을 창조하는 데 반드시 필요한 요소로서 성공의 밑거름이 된다.

사고력을 기르는 방법은 편견과 고정 관념에서 벗어나 열린 마음으로 생각해야 한다. 그 방법이란,

첫째, 창의적으로 생각하라. 문제의 대상을 타성이나 습관에 젖어 있는 사고 방식에서 벗어나 새로운 방향과 관점에서 궁리하여 본질을 확실히 이해하도록 노력하라.

둘째, 객관적으로 생각하라. 자신이 처해 있는 환경이나 감정적

인 요소를 배제하고 문제의 대상을 냉정하고 투명하게 판단함으로써 그 의견을 객관적인 근거와 연결시켜 일관성 있게 사고하라.

셋째, 다양한 관점에서 생각하라. 모든 사물은 다양한 측면과 구조·원인이 있음을 인정하고, 그 원인에 따라서 어떠한 현상이 일어나는지 추정하는 것이다. 자신의 분명한 입장을 취하는 것은 좋지만 주관적인 편견에 사로잡혀서는 안 된다.

'예리한 관찰력으로 자신의 주변을 주의 깊게 살펴보라. 우연이란 아무런 대가도 없이 거저 얻어지는 것이 아니다. 우연도 무슨 일이든 전념할 때 일어날 수 있는 것이다. 객관적인 사실들은 우리의 주변에 항상 존재하고 있는 것이므로 기회의 순간은 누구에게나 평등하게 주어진 셈이다. 그러나 누구는 그 기회를 포착하는 반면, 누구는 그 기회를 잃어버린다.'

기회의 순간을 포착하는 사람은 오랜 관찰과 사고思考를 통해 목적을 이루어낸 것이다. 따라서 평상시에 무엇이든 많이 읽고, 듣고, 생각하는 등의 감각 기관을 단련하여 감성적인 지식을 쌓는 것이 관찰력을 향상시키는 전제 조건이다.

실패하는 까닭은 무능해서가 아니고 예리한 관찰력과 분별하는 견식이 부족하기 때문이다. 목적을 가지고 계획성이 있게, 그리고 적극적으로 반응하라. 여기에 사고를 곁들이면 이것이 진정한 관찰이 된다. 사물의 형태를 관찰하는 습관을 기르고 본질을 파악할 수 있는 힘을 구비하는 것이 우리가 성공할 수밖에 없는 이유이다.

관찰력을 기르는 방법은,

첫째, 상상력을 키워라. 현실의 지각知覺 : 감각 기관을 통해 외부의 사물을 인식하는 작용 및 그 작용에 의하여 얻어지는 표상에 없는 사물의 본질을 바탕으로 기존 지식과 경험을 접목시켜 여태껏 느껴 본 적이 없거나 존재하지 않았던 새로운 형상을 창조하는 능력이 바로 상상력이다. 따라서 연상이나 상상이 없다면 창조의 결과도, 생각하고 궁리하는 관찰도 있을 수 없다.

둘째, 학습 능력을 향상시켜라. 창조 정신은 관찰 활동에 중요한 요소이다. 어떤 학문이든 충분한 전문 지식과 정보를 갖추어야 효율적으로 궁리하며 새로운 업적을 이룩할 수 있다. 따라서 스스로 학습 능력을 향상시키는 것이 지식을 습득하는 중요한 수단이다.

셋째, 관찰하면서 기록하라. 기록은 자료 수집과 정리에 도움이 될 뿐 아니라 정확한 관찰을 돕고 표현력도 강화시킨다. 관찰의 성공 여부는 지식·경험·재능과 관련이 있지만 무엇보다 필요한 것은 사고력이다. 폭넓은 사고를 통해 풍성한 지식을 습득하라. 이것이 성공에 한 걸음 더 다가가는 방법이다.

'인지환人之患, 패어일곡蔽於一曲, 암어대리闇於大理'라는 순자의 말씀이 있다. 사물의 한 면에 사로잡혀서 전체를 파악하지 못하는 것이 인간의 결점이라는 의미이다. 왜 그런 것일까. 편견에 의해 마음이 혼란한 상태에 있기 때문이라고 순자는 논하고 있다.

마음이 혼란스러운 것은 좋아하고 싫어함, 처음과 끝, 넓음과 좁음, 멀고 가까움, 길고 짧음의 한 면에 사로잡혀 감정이 좌우되기 때문이다. 무슨 일이든 어느 한 곳으로 쏠리어 얽매이면 마음이 편향화되어 대국적인 판단을 그르치고 만다.

인간은 원래 사실을 있는 그대로 인정하지 않으려는 심리적 성향이 있어 모든 것을 자신의 가치 기준에 맞추어 판단한다. 이를테면 선천적으로 구체적인 사물의 지각을 왜곡하고 있는 것이다. 여기서 벗어나기 위해서는,

첫째, 편견과 고정 관념에서의 탈피

둘째, 냉철한 사고력의 향상

셋째, 전문 지식과 확실한 정보의 입수 등에 노력해야 한다.

중용中庸에 '사예즉립事豫則立, 불예즉폐不豫則廢'라는 글귀가 있다. 무슨 일이든 충분한 준비를 갖춘 다음에 시작하면 성공하고 준비를 게을리하면 실패한다는 뜻이다. 준비의 중요성을 지적한 것이다.

중용은 이어서 그 구체적인 내용으로 다음의 세 개 항목을 들고 있다.

첫째, 의견을 말하기 전에 충분히 생각을 한다.

둘째, 행동을 취하기 전에 완벽한 준비와 계획을 세우면 실패하는 일이 없다.

셋째, 발걸음을 내딛기 전에 일정을 정해 놓으면 중도에 고생하는 일이 없다. 성공과 실패가 엇갈리는 관점은 다른 사유도 있겠으나 첫 번째 관문은 분명히 준비 여하에 매여 있다고 하겠다.

건강은 유형의 자산이다

언제까지나 청춘을 구가하리라 믿고 자신의 건강을 홀대해서는 안 된다. 건강 관리에 유의한다면 건강도 우리에게 보답을 하겠지만, 반대로 혹사한다면 건강이 우리를 파괴할 것이다.

'건강은 경영할 수 있으며, 그 소유자는 바로 자신이다. 건강하다고 해서 모든 것을 다 가졌다고 할 수는 없지만 건강을 잃으면 모든 것을 잃는 것이다. 성공하는 사람이 되고 싶다면 건강 관리에 유념하라.'

건강이 나쁘면 판단력·추진력·결단력이 저하된다. 단단한 체력과 강인한 인내심이 있을 때 목표 지점을 향해 돌진할 수 있다. 따라서 자신의 건강을 경영하고 관리하라. 건강을 경영하는 것은 인생을 위한 제일의 자기 관리이다.

건강을 경영하는 것은 올바른 자아 정체성을 수립하고 자신의 관점을 조절하여 적당한 포부를 확립함으로써 호방하고 건전한 기상을 돋울 수 있다. 자신의 성격과 습관·행동을 파악하고 개선하여 사회와의 조화를 추구하고 조화로운 대인 관계를 맺자.

마음 속 응어리를 털어 버려라. 맺혀 있는 감정은 정신 세계에 영향을 미쳐 비정상적인 심리 상태를 유발하는 것이므로 마음에 쌓인 문제를 훌훌 털어 버리면 정신도 홀가분해지고 마음도 안정이 된다.

필자가 권하고 싶은 건강 수칙은,

첫째, 스트레스는 하루를 넘기지 말라. 스트레스는 만병의 근원이므로 긍정적인 사고를 갖는 것이 중요하다.

둘째, 하루 약 1시간씩 1주일에 4회 이상 운동을 하라. 규칙적인 운동은 3대 건강 수치인 혈압·혈당·콜레스테롤의 조절에 효과적이다.

셋째, 6대 영양소인 단백질·탄수화물·비타민·지방·미네랄·식이섬유를 골고루 섭취하라. 균형 잡힌 식사가 장수로 가는 지름길이다.

'건강을 해치는 담배나 술을 멀리하라. 흡연은 독약과 같다. 흡연을 시작하는 날부터 폐암·폐기종·관상동맥경화증 등의 질병이 체내에 움트기 시작한다. 흡연은 만성적인 자살 행위이다. 끊임없이 금연에 도전하라.'

금연만 해도 예방할 수 있는 질환이 무려 삼백여 가지이다. 또한 음주가 건강에 해롭다는 사실은 모두가 잘 알고 있다. 술에는 알코올이 함유되어 있다. 인체에 들어간 알코올은 두어 시간이 지나면 혈액과 융합이 되는데, 혈액으로 흡수된 알코올은 소변·땀·침·호흡에 의해 일부만 몸 밖으로 배출되고 90퍼센트 이상은 간에서 해독되기 때문에 술을 마시면 간이 가장 큰 영향을 받는다.

그래서 폭음을 하면 구토와 두통 증세가 나타나고 호흡이 느려지며, 혈압이 낮아지거나 혼수 상태에 빠지고, 심하면 그 자리에서 사망할 수도 있다. 이렇듯 음주는 위험한 짓이다. 그렇다면 술을 아예 마시지 말라는 것인가? 이에 대한 필자의 소견은, 경사가 있는 즐거운 날에 친·인척들이 모인 자리에서 즐겁게 적당히 마시는 술은 괜찮을 듯싶다. 올바른 음주법은, 술은 석 잔 이하로 마시되 3일은 금주하라. 술에 의해 손상된 간이 회복되는 기간이 최소한 3일이기 때문이다.

역경易經에 '견선즉천見善則遷, 유과즉개有過則改'라는 문구가 있다. 착한 것을 보면 즉시 배우고 잘못이 있다면 바로 고친다는 뜻이다. 착한 행동을 지켜볼 기회는 너무도 많다. 책을 읽고 위인들의 훌륭한 언행을 접하며 그들의 선행에 감동한다. 그러나 '참으로 훌륭하구나' 하고 생각만 할 뿐 보고 듣고 배운 대로 실행은 하지 않는다. 우리도 그 수준에 가까워질 수 있도록 노력을 해야 한다. 이것이 곧 즉천則遷, 즉시 이행한다는 것이다.

누구나 허물은 있는 법이고 잘못을 저지를 수도 있다. 그러나 과오를 범했다고 해서 근심으로 속을 태우거나 후회만 하고 있으면 안 된다. 중요한 것은 잘못을 깨달았으면 바로 그것을 고칠 일이다. 공자도 '잘못을 알았으면 즉시 고치기를 주저하지 말라. 그리고 같은 잘못을 반복하지 않아야 한다'고 논했다. 만약 우리의 건강 관리에도 흠이 있다면 즉시 개선하면 될 것이다.

당태종唐太宗과 그 신하들의 정치 비화를 기록한 정관정요貞觀政要의 내용 중에 '거안사위居安思危'라는 글귀가 있다. 평안할 때에 위태로워질 것을 생각하라는 뜻이다. 정관정요의 기록을 보면 위징이란 신하가 당태종에게 다음과 같이 간諫했다는 기록이 있다.

"폐하, 지금까지 나라를 다스렸던 황제들을 보면 나라가 위태로울 때는 뛰어난 인재들을 기용하고 그들의 의견을 참고했지만, 나라가 굳건해지면 반드시 그 마음이 해이해졌나이다. 그리되면 신하들도 자신들의 안위만 생각할 뿐 군주에게 과오가 있더라도 간언할 생각을 아니합니다. 그래서 국세는 날로 피폐해지고 끝내는 멸망하는 것입니다. 예로부터 위인들은 평안하고 태평할 때 위험스러움을 생각했다고 하는데 그것은 바로 이 때문입니다."

건강 경영에 있어서도 마찬가지이다. 건강할 때 방심하지 말고 자신을 돌아보라.

성공을 부르는 지혜로운 습성

지혜를 인생의 설계자로 삼아라. 지혜는 어둠의 세상을 밝히는 빛이다. 행복한 삶은 물질적인 풍요를 통해서 얻어지는 것이 아니고 오로지 세상을 밝히는 지혜를 통해 얻어짐을 알아야 한다. 또한 지혜만이 인생의 지침이 될 수 있다.

● 마음을 열어라.

우리는 점차 성장하면서 인생길을 열어간다. 그리고 우리에게 주어진 운명을 받아들이며, 그 일에 동요하지 않는 것이 지혜라는 사실을 배운다. 시간이 갈수록 인생은 더욱 복잡하게 엮이지만 삶이 우리에게 주는 지혜를 통해 항상 세상을 내다볼 수 있다면 반드시 행복을 찾게 되리라.

● 중용의 마음을 가져라.

중용이란 어느 쪽이든지 치우침이 없는 것이다. 적절할 생각을 받아들이고 알맞게 대응하며, 과장하거나 경멸하지 않는다는 것을 의미한다. 언제 어디서나 균형 잡힌 생각을 유지하면서 긍정적인 마음을 유지한다면 자신에게 커다란 위안이 될 것이다.

● 숨겨진 재능을 발견하라.

우리는 의학·법학·과학 분야에서는 뛰어나지 않을 수도 있다.

그러나 자신의 적성에 맞는 어느 분야에서는 반드시 우수한 능력을 갖추고 있다. 우리에게 잠재된 힘을 깨울 수만 있다면 이미 목적을 이룬 것과 다름이 없다. 어느 누구라도 놀라운 재능을 지니고 있다. 다만 그 재능을 찾아내지 못하고 있을 따름이다.

- 겸손하라.

겸손은 자신을 더욱 돋보이게 한다. 우리의 마음 속에는 적지 않은 허영심이 깃들어 있다. 자신의 가치는 과대 평가하고 남의 가치는 과소 평가한다. 우리는 올바른 자기 인식을 구비해야 한다. 자신의 능력에 대해 겸손한 태도를 갖추는 것이 성공의 출발점이다.

- 신념을 가져라.

특정한 사회의 관습이나 어느 한 시대의 가치를 삶의 기준으로 삼아서는 안 된다. 시간과 공간을 초월한 진리를 우리의 것으로 수용할 수 있어야 한다. 영혼의 버팀목이 될 수 있는 것은 바로 우리 자신의 의지와 결정이다. 우리는 인생에 대한 어떤 확신이 필요하다. 이 세상에서 벌어지는 일 가운데 무엇을 우선시해야 하는지 확고한 신념을 가지라.

- 변덕스러운 세상에 당당히 맞서라.

세상에는 어리석은 사람들로 가득하기 때문에 항상 비웃음과 협잡이 끊이지 않는다. 선악의 판단은 모두 일시적인 변덕에 의해서 좌우된다. 우주가 자신의 뜻대로 움직이기를 바라는 것은 아둔한 인간들의 생각이다. 당당하게 어울려 사는 법을 배우라. 서로 아우르는 삶이 세상을 환하게 만든다.

● 실패를 극복하라.

인생은 끝이 없는 고난의 연속이므로 실패가 없는 인생은 존재하지 않는다. 언제나 완전을 지향하지만 불완전한 영역에서 벗어날 수 없다. 그러므로 실패는 인생의 한 부분이다. 우리는 실패를 거울로 삼아 이전의 잘못을 되풀이하지 않아야 한다. 실패는 성공으로 가는 하나의 과정이기 때문이다.

● 속마음을 내보이지 말라.

능력을 과시하는 것은 어리석은 일이다. 목청을 뽐내기 위해 시끄럽게 울어대는 수탉은 목이 비틀리게 마련이다. 진정한 업적은 스스로 자랑하지 않아도 해처럼 떠오른다. 노고를 기쁨으로 삼고 가슴에 담아 두어라. 자만심은 반드시 화를 불러들인다.

● 주저하지 말고 실천에 옮겨라.

머뭇거리며 망설이고 있다면 아무 일도 성공할 수 없다. 계획을 세우는 일에 힘을 다 허비해서 무엇 하나 이룰 수 없는 사람들이 있다. 아무리 좋은 구상이라도 실현하기 위한 노력을 하지 않으면 아무것도 변하지 않는다. 승리는 실행으로 옮겨야만 얻을 수 있다.

• 매사에 주의하라.

사소한 일이라도 가볍게 여긴다면 나중에 후회할 수도 있다. 큰 불행은 한꺼번에 닥치지 않는다. 여러 번의 작은 불행이 큰 불행을 불러들이는 원인이 된다. 사소한 문제라도 힘을 기울여 해결하라. 불행한 일이 지나갔다고 해도 긴장을 풀지 말라. 불행이 행운으로 돌아설 때까지 항상 주의하라.

• 좋은 습관을 길러라.

습관이란 몸에 익히기는 쉬워도 고치기는 어렵다. 따라서 처음부터 좋은 습관이 몸에 배도록 애를 써라. 노력 여하에 의해서 얼마든지 좋은 습관을 몸에 익힐 수 있다. 같은 말, 같은 일을 반복하다 보면 저절로 몸에 배어 습관이 된다. 그 습관의 시작은 성가시고 힘이 들지만 날마다 규칙적으로 반복하다 보면 반드시 즐거운 행운으로 바뀐다.

지혜의 본질을 깨우치라. 인류는 하나이고 살아 있는 것들은 면면히 생명을 이어간다. 모든 만물은 이중적인 가치를 지니고 있으며, 진위 여부는 어느 시점을 선택하는가에 매어 있다. 따라서 지혜로움과의 만남은 영혼을 깨우고 지적인 기쁨을 초래한다. 이것은 모든 가능성을 담아두는 크나큰 그릇이기 때문이다. 지혜롭게 사는 방법을 숙지하여 이 넓은 세상을 가슴에 품어라.

3장

행동

열다섯 살 때 학문에 뜻을 두고지학 : 志學, 서른 살 때 그 기초가 이루어졌으며이립 : 而立, 마흔 살 때에는 자신이 나아갈 방향에 대해 확신을 가지게 되었다불혹 : 不惑. 다시 쉰 살 때 천명을 자각하고지천명 : 知天命, 예순 살 때에는 어떤 의견에도 순순히 귀를 기울이게 되었으며이순 : 耳順, 일흔 살이 되자 욕망대로 행동을 해도 인간의 규범을 벗어나는 일 없이 자재의 경지에 이를 수가 있었다고희 : 古稀.

공자가 스스로 자신의 생애를 요약한 말이다. 이 모두가 용이한 일은 아니다. 그러나 우리는 이런 정도를 목표로 삼아 노력하는 것만으로도 가치가 충분할 것으로 생각된다. 꿈이라고 하면 거창하고 원대한 것이어야 한다고 생각한다. 그러나 막연한 야망은 오히려 좌절감의 근원이 될 수 있다. 그러므로 사회 활동을 시작하는 청년기부터는 크고 원대한 야망은 가슴에 담아두고, 아주 사소한 일이라도 구체적이고 명확하며 실현 가능성이 있는 목표를 갖는 것이 중요하다.

무슨 일이든 반드시 의지를 가지고 행동하지 않으면 아무것도 이룰 수 없다. 따라서 성공하고 싶다면 구상만 하는 목표가 아니라 행동 지향적인 목표를 설정하라.

성실성을 겸비하라

이 지구상에는 특별한 재능이 있음에도 불구하고 실패한 사람들로 넘쳐난다. 성실함과 겸허함이 뒷받침되지 못했기 때문이다. 성실함이란 정성스럽고 진실된 품성으로서 무슨 일이든 성의를 다하여 진지하게 임하는 자세를 말한다.

'성공은 늘 시간의 관념 속에서 존재한다. 짧게는 아무나 성공할 수 있고, 또는 성공한 것처럼 보일 수도 있다. 그러나 중요한 것은 성공의 지속 가능성이다. 단기간 동안의 성공은 불성실해도 가능하겠지만 장기적인 성공은 성실함이 없이는 절대로 불가능하다. 왜냐 하면 성실은 성공을 위한 필수 조건이기 때문이다.'

곧 무슨 일이든 대충 보아 넘기지 않고 치밀하게 일을 처리하며, 약속은 반드시 이행하고 진지하게 생각하며, 자만하지 않고 고객들을 정성껏 대하며, 모든 실천을 다 하고 자기 관리를 철저히 하는 사람들이다. 필자의 주변을 둘러봐도 성공한 사람들은 모두 다 기준에 모자람이 없는 착실한 사람들이다.

성심을 다 해 본질에 임하는 자세는 결국 기본에 충실한 것이다. 흔히 사회에서 성실한 사람이라고 하면 가정과 직장에 충실하고 윗사람에게 예의바른 그런 사람 정도를 떠올린다. 물론 규범을 착실하게 지키는 것도 중요하다. 그러나 성실함의 본질은 자신의 인생과 삶에 대하여 진정으로 최선을 다 하는 것이다.

공연스레 분주한척하면서 근무 시간만 제대로 지키면 성실한 거라고 착각하는 사람들, 재능이 좀 있다고 새털같이 많은 날들을 대충 보내다가 마감을 목전에 두고 부랴부랴 일을 해치우는 사람들, 우연히 승진이 빨리 되는 바람에 기초도 제대로 안 닦아 놓고서 더 이상 배우려고 생각도 하지 않는 사람들, 본업은 내팽개치고 주식·부동산 등 재테크에만 열중하며 소용없는 곳에 온통 정신이 팔려 있는 사람들, 이런 사람들에게 내일은 결코 녹록치 않을 것이다.

그래서 진정으로 자신의 일에 성실한 사람들은 흔히 말하듯 묵묵히 책임을 넘겨받은 일에만 열중하는, 사뭇 성격이 좋은 그런 사람들이 아니다. 그들은 자신의 업무만큼은 누구보다도 열정적이고 분석적이기 때문에 가끔은 현장에서 목청을 높여 공박하기도 하고 자신의 의견을 내세우며 상대방의 주장을 반박하는 등 무엇 하나 적당히 넘어가는 법이 없다.

'성실함은 자신에 대한 투자이며 언약이다. 오늘 내가 할 수 있는 일과 해야 할 일들에 대해 명확하게 분석하고 실수가 없도록 삼가서 한 걸음씩 앞으로 나아가는 사람에게 하늘은 보답한다.'

따라서 오늘 마무리할 것은 그날 끝내는 마음의 자세가 필요하다. 기분이 내키는 대로 어떤 날은 열심히 했다가 또 어떤 날은 게으름을 피우는 것이 아니고, 정해진 계획대로 한결같이 부지런하고 끈기 있게 전개해 나가는 것이다. 이를테면 업무 일지를 쓰기로 했으면 매일 같이 쓰고, 월별 매출 목표가 정해졌으면 월 전체로 안배해서 대외적인 환경과 내부 역량을 조율하여 목표를 차근하게 성취해 나가는 것, 이것이 곧 성실이다.

불성실한 사람일수록 “열심히 노력해야지, 올해는 영어 공부를 시작해야지, 올해부터는 조금 일찍 출근해야지” 라는 애매 모호한 표현을 쓴다. 그러나 성실한 사람들은 자신이 얻고자 하는 그 무엇과 해내고자 하는 목표를 뚜렷하게 정한다.

예를 들면, “올해는 매출을 30퍼센트 향상시키겠다. 영어 등급을 1등급으로 올리겠다. 한 시간 일찍 출근하겠다”와 같은 자신과의 약속을 검증할 수 있도록 분명하게 정하고 일의 성패와 달성률을 확인할 수 있는 방법까지 고민한다. 진정으로 그 목적을 이루고자 하는 열정을 지녔기 때문이다.

이와 같이 성실한 사람들은 자신에게 가혹하리만큼 냉정하다.

현대그룹 창업자인 고 정주영 회장은 성실함의 취지에 대하여 ‘작은 일에 성실한 사람은 큰 일에도 성실하다. 작은 일을 소홀히 하는 사람은 큰 일도 할 수가 없다. 작은 일에도 최선을 다 하는 사람이 큰 일에도 전력을 다 한다’고 논했다.

성실하다는 것은 곧 자기 자신과의 약속이다. 다른 누구의 평가 때문에 성실한 것이 아니고, 스스로에게 한 언약을 자신의 양심에 비추어 진솔하게 자신을 평가하는 것이 바로 성실함이다.

성공은 도전하는 사람의 몫이다

시작하지 않으면 아무것도 이룰 수 없다. 오늘을 살아가는 모든 것이 선택이라면 시작도 선택이다. 마땅히 인간은 나아갈 때와 물러갈 때를 아는 것이 가장 중요한 정도이고 그런 사람만이 살아남을 수 있다.

'진정으로 하고자 한다면 이루지 못할 일이 없다. 목적을 달성하기 위해서는 좋은 구상과 자질을 필요로 한다. 그러나 이보다 더 요긴한 것은 포기할 줄 알고 시작할 줄 아는 용기이다.'

무엇을 이루기 위한 인간의 활동은 성공을 하면 모험적이고 실패하면 무모하다고 한다. 칼날의 양면인 것이다. 훌륭한 인재를 길러내는 덕목에 대해 한 마디로 요약한다면 그것은 결단력이다. 스스로 점검하고 과감하게 변화를 시도해 보라.

일단 해 보려고 결심을 했다면 야심찬 계획과 강한 정신력이 소용된다. 야심찬 계획은 미래를 준비하는 것이고, 강한 정신력은 고통스러운 현실을 이겨내는 디딤돌이다. 높이 올라간 원숭이가 멀리 내다볼 수 있고, 아침에 일찍 잠을 깬 새가 곤충을 잡아먹는 확률이 높듯이 선택은 빠를수록 좋다. 어물어물 뭉개다 보면 이도저도 할 수 없다.

이런 과정을 거치면서 상황 판단력이 생성되고 사업가로서의 자질이 형성되는 것이다. 성공하는 방법으로 세 가지 항목을 제시한

다면,

첫째, 일을 무서워하지 않고

둘째, 너무 무리하지 않아야 하며

셋째, 성공한다는 확신이 있어야 한다.

시작은 반이다. 무엇이든 시작하라. 도전하지 않는 자에게 기회는 찾아오지 않는다.

'세상에는 다양한 능력을 갖추고 있는 사람이 너무도 많다. 그러나 아무리 뛰어난 능력을 지니고 있다 해도 행동이 뒤따르지 않으면 그 능력을 발휘할 수 없다. 따라서 성공하기 위해 반드시 갖추어야 할 조건은 행동력이다.'

사업·직장·영업·연구·공부 등 그 어떤 직업을 막론하고 절대적인 요소는 일을 실행하는 능력이다. 곧 솔선 수범형의 인간이 되는 것이다. 독특하고 기발한 구상이나 그 일을 성취할 기틀을 다지고 있어도 실행하지 않으면 아무런 소용이 없다. 현대의 치열한 경쟁사회에서 인간의 형태를 크게 성공한 사람과 그렇지 못한 사람으로 분류할 수 있다.

일반적으로 성공한 사람은 긍정적이고 적극적인 성향이 강한 반면, 성공하지 못한 사람은 마지못해 일을 하거나 비활동적인 태도로써 소극적인 경향이 강하다. 적극적인 사람은 대부분 실천가적인 기질이 강하고, 무슨 일이든 결정을 하면 의욕적으로 추진하여 실행에 옮기는 데 반해, 소극적인 사람은 계획을 세웠다가도 어떤 구실이나 이유를 붙여 취소해 버리고, 실천해야 할 적절한 시기가 되어도 구차하게 변명을 나열하며, 시작하지 않는 것이 오히려 이익이라는 궤변을 늘어놓고 결국 실행하지 않는다.

물론 절대적으로 실수하지 않을 만큼 여건이 완벽하다는 것은 바람직한 일이 아니다. 그러나 인간이 하는 일에 절대적으로 완전한 일은 없다. 그러므로 완벽한 조건이 갖추어질 때까지 기다린다는 것은 영원히 아무것도 하지 않겠다는 것과 다름이 없다. 누구나 적극적인 인간형이 되어 성공적인 사람이 되고 싶을 것이다. 그렇다면 행동력이 몸에 배도록 각고의 노력을 기울이라.

적을 만들지 말라

인간으로 이 세상에 태어나서 사회에 진출하기까지는 수많은 노력을 기울인다. 학창 시절부터 명문 대학을 목표로 공부하는 이유도 다른 사람보다 더 많은 지식을 쌓기 위해서이기보다는 취업 빙하기인 작금의 시대에서 좋은 일자리를 얻기 위해서이다.

'그러나 슬프게도 세상에서 끝까지 살아남을 수 있는 직장은 거의 없다. 지금의 직장에서 승승장구한다고 해도 언제 잘릴지 모르는 적자 생존의 현실에 있는 것이다. 그러나 우리가 꼭 기억해 두어야 할 것은 마지막까지 생존 경쟁의 사회에서 살아남는 유형은 예외 없이 적을 만들지 않는 유형의 인간이다.'

바꿔 말하면 감점의 대상이 되지 않는 사람이 출세의 과정에서 살아남을 가능성이 높다는 것이다. 최근의 기업들은 정도의 차이는 있지만 실력주의를 표방하고 있다. 다시 말해 목표를 설정하고 얼마만큼의 결과를 내느냐에 따라서 실력을 판가름하는 체계를 도입하고 있다. 그러나 한국 기업은 물론이고 실적을 최우선시하는 것처럼 보이는 외국계 기업에서도 마지막까지 살아남은 사람은 대부분 적을 만들지 않는 유형의 사람이다.

사회 생활에서 자신을 내세우며 기세 등등하게 밀어붙이는 유형은 어느 선까지는 그럭저럭 이루겠지만 그 지나친 자신감과 성급한 결정은 주위에 적을 많이 만들어 종내는 외톨이가 되기 십상이다. 만일 우리가 이런 뛰어난 사람의 유형에 조금이라도 해당한다면 지금부터라도 의식적으로 주변의 적을 만들지 않도록 노력하는 것이 좋다.

이것은 말처럼 쉽지 않다. 그러나 길게 살아남고 싶다면 현실에서 이단아는 되지 않아야 한다. 모든 사람들을 내 편으로 만들 수는 없더라도 최소한 적으로 만들지 않겠다는 태도로 임한다면 출세의 진행 과정에서 도태되지는 않을 것이다. 우리의 삶에서 단기적인 결전을 도모하지 않는 이상 기회는 반드시 찾아오게 마련이고 노력한 만큼 보상도 받는다. 이 과정에서 중요한 것은 치열한 경쟁의 진로에서 벗어나지 않고 얼마나 길게 살아남느냐가 관건이다.

물론 어떤 이들은 그런 우리의 뒤에서 속닥거릴 수도 있다.

"저 사람은 일은 잘 하는데 성격이 너무 유유낙낙해."

그럴 때는 곡즉전曲則全, 즉 구부러졌기에 생명을 보전할 수 있었다는 노자의 말씀을 떠올리라. 직선적인 생활 태도보다 곡선적인 생활 태도가 이상적이라고 했다.

또 오므라졌기에 늘일 수가 있으며, 움푹 패어져 있기에 물이 가득 찰 수 있었다고 부언하고 있다. 곡즉전은 패배주의가 아니다. 약자가 스스로의 약점을 역이용함으로써 형세를 뒤집으려는 방책이다. 생각하기에 따라서는 이만큼 유들유들하면서도 교묘한 생활 태도는 없을 것이다.

'성공의 기회를 잡는 방법은 처음부터 커다란 기회를 쟁취하기보다 작은 기회를 서서히 늘려 가는 것을 목표로 삼는 것이 비결이다. 이것이 경제 불황기인 요즈음 평범한 사람들이 지향해야 할 기회를 만들어가는 방법이다.'

우리가 기회를 잡기 위한 궁극적인 목적은 행복해지기 위함이다. 현실에 맞닥뜨린 어려움도 미래의 행복을 위해 필요한 경험을 쌓는 절호의 기회로 승화시키자.

지금도 늦지 않았다

현실에 만족하지 못하는 사람들은 거의 지금과는 다른 삶의 방식을 열망한다. 그럼에도 불구하고 그들은 지금까지의 생활 방식을 개선하려고 시도하지 않는다. 대신 그에 대해 늘어놓을 한가득의 변명 목록을 지니고 다닌다.

'사람들이 내세우는 흔한 변명은 나이가 많아서 새로운 무엇을 할 수 없다는 것이다. 그런데 진정 나이 때문이라고 변명을 늘어놓아도 되는 것인가. 우리가 무엇을 할 수 있든 할 수 없든 간에 우리가 가진 능력에 대한 자신의 믿음이 더 중요하게 작용한다.'

아무리 젊어도 스스로 색다른 일을 시작하기에 너무 늦은 나이라고 믿는다면 아무것도 시작할 수 없다. 그것은 할 수 있는 방법을 찾지 않기 때문이다.

'이 나이에 무엇을, 이미 오십인데 뭔가를 새로 시작한다는 게'라고 체념에 빠진다. 나이를 먹는 것은 아무도 막을 수 없다. 그러나 정신을 젊게 유지하는 것은 누구나 스스로 선택할 수 있다. 인간은 자신의 입장을 선택함으로써 운명을 전환시킬 수 있는 것이다.

'나는 원래 이런 사람이야' 라는 생각을 가지고 있는 사람은 자신을 변화시키는 것이 불가능하다는 것을 의미한다. 인간들은 자신이 믿고 있는 자신의 모습과 일치하게 행동하는 경향이 있다. 예를 들면, '나는 원래 결단력이 부족한 사람이야' 라고 굳게 믿고 있는 사람은 항상 소심하게 행동을 취한다. 방송 예능 프로에 약골로 나오는 연예인들이 자주 골골거리는 모습을 연출하는데, 그와 같은 이치이다.

소극적인 성격에서 벗어날 수 있는 유일한 방법은 자신에 대한 믿음을 바꾸는 것이다. 곧 나는 결단력이 부족한 사람이 아니다. 나는 적극적이고 긍정적인 사람이므로 무엇이든 할 수 있다는 믿음을 마음 속에 각인시키라. 자신에 대한 소극적인 고정 관념을 떨쳐 버리고 활기차고 긍정적인 자신의 모습을 상상하면서 행동으로 성실히 이행하면 외형적인 변화는 물론 정신적인 사고도 달라진다.

결국 자신에 대한 믿음이 정신과 육체에 얼마나 막강한 영향력을 발휘하는지는 우리의 마음가짐에 매어 있다는 것이다.

"장부는 관을 덮어야 일이 비로소 결정된다. 그대는 다행히 늙지 않았거늘 어찌 원망하리요."

이 글은 중국의 고대 시인인 두보가 지은 제목 〈군불견〉이란 시의 일부분이다. '사람이 죽어 땅에 묻힌 뒤가 아니면 어떻게 될지 아무도 알 수가 없다. 다행히 아직 젊지 않은가. 굳이 이런 산중에서 초라하게 살며 세상을 원망할 거야 없지 않은가' 라는 것이다.

그렇다. 어제까지 천덕꾸러기 노릇을 하며 이 집 저 집 얻어먹으며 다니던 사람이 하루 아침에 벼락부자가 되고, 역으로 부자가 순식간에 알거지가 된 경우는 얼마든지 있다. 부귀와 성패는 원래 이런 것이다.

인생에는 곤경과 시련이 따르게 마련이다. 여기에서 주저앉아 버리면 패자가 될 수밖에 없다. 그런 때일수록 희망을 잃지 않고 당당하게 인내하면서 헤쳐 나아가라. 인간의 진가는 곧 역경에 처해야 알 수가 있는 법이다.

잘 나가는 동료를 그대로 따라 하라

유아독존식 사고 방식을 가진 사람은 남의 의견이나 좋은 점을 본보려 하지 않는다. 지나친 자신감이 오히려 화를 부르는 것이다. 물론 "아니오, 저는 그저 자신감이 넘칠 뿐입니다" 라고 반론할지도 모르지만 결과로써 모든 것을 판단하는 원칙에서 제외될 수 없다. 독선적이라 해도 결과만 좋다면 다행이나 현실은 그렇게 호락호락하지 않다. 따라서 일의 경험이 아주 없거나 자신감이 없다고 느낄 때에는 무조건 잘 하는 사람을 따라해 보라. 그 사람의 모든 것을 완벽하게 베끼는 것이다.

신병으로 훈련소에 입소하여 조교의 능숙한 시범을 보고 그대로 따라 하면서 기초 과정의 훈련을 자연스레 익힌다. 부와 명예의 맥을 찾아가는 본능적인 후각은 바로 이러한 따라 하기를 통해 감각적으로 체득된다.

세계 굴지의 유통업계 경영자들은 유통업을 승계하는 후계 경영인을 우수한 영업점의 현장에서 판매 사원으로 일하게 한다. 아무리 일류대를 나온 수재라도 일이 생긴 그 자리에서 고객 관리와 판촉·접객 등의 영업을 직접 체험하면서 보고 듣고 배우도록 하는 것이다. 현장에서 몸소 체험하여 터득한 후 선대가 운영하는 업체를 인수받아 경영하면 거의 완벽하게 운영해 나갈 수 있다.

'잘 하는 주체를 앞뒤 가림이 없이 무조건 따라 하는 것도 탁월한 전략이다. 뒤늦게 착수한 업체는 무턱대고 선두 업체를 따라

하는 후미의 원칙이 있다. 검증된 선두 업체를 우선적으로 따라 하다 보면 자신들만의 노하우도 만들어낼 수 있는 것이다.'

그러나 왜 똑같은 실습을 통해서 직접 체험하고서도 누구는 성공하고 누구는 그렇지 못하는 것일까. 그것은 벤치마킹과 따라 하기에도 나름대로의 전략이 필요하며, 다음과 같은 사항이 충족되어야 한다.

첫째, 일단 따라 하기의 대상이 선정되었다면 그 사람의 모든 것을 전적으로 수용하는 마음의 자세가 필요하다. 따라 하는 것도 고착 관념이나 편견이 작용해서 어느 것은 받아들이고 어느 것은 받아들이지 않는다면 제대로 된 모방이 될 수 없다.

둘째, 최고의 상대를 벤치마킹하라. 자신이 정한 상대가 진정 최상의 벤치마킹 대상인지를 깊이 고려해야 한다. 신입 사원이나 사회 초년생 중에는 자칫 격에 맞지 않는 사람을 따라 하는 유형이 있다. 조직이나 윗사람을 깍아 내리면서 큰소리치는 선배가 얼핏 멋져 보일 수도 있다. 그런 사람일수록 후배들에게 선심을 쓰고 자신이 꽤 능력이 있는 정대한 사람인 척하기 때문이다. 그래서 아직 조직이나 상급자에 대한 정확한 정보가 없는 신입 사원의 경우 그 선배의 말만 믿고 붙좇다가 큰 낭패를 보는 경우가 왕왕 있다. 그러므로 자신이 선정한 배움의 대상이 정말 본받을 만한 상대인지를 명확하게 검증해야 한다.

셋째, 부끄러워할 필요가 없다. 남의 눈치를 본다거나 쑥스럽다는 생각은 과감히 버려라. 따라 하기에 거리낌이 있어 어색함을 가질 필요가 없다는 것이다. 새로운 것에 도전하는 것은 예전의 것과 결별하는 것을 의미한다. 하루에 한 가지 이상 배운다는 자세로 자신만의 공책을 만들어서 상급자나 선임이 말한 내용 중에 배울 점이 있다면 즉시 메모하여 자신의 것으로 만들어라.

도움을 청하는 것을 부끄럽게 생각하지 말고, 듣고 보고 배우라. 이것이 어렵다면 배워야 할 상대를 유심히 관찰하고 그대로 따라해 보라. 그리하면 자신도 모르는 사이에 우뚝 선두 그룹에 합류해 있을 것이다.

자신을 깎아 내리지 말라

세상에는 밝은 면과 어두운 면이 동시에 존립한다. 인간들도 역시 그러하다. 우리는 이따금 세상과 자신의 깨끗하지 못한 면을 통찰한다. 까닭은 만휘군상萬彙群象의 부정적인 면을 볼 수 있어야 자신을 밝은 쪽으로 변화시킬 수 있기 때문이다.

'그러나 지나치게 어두운 면을 강조하는 것은 자신을 더욱 불행의 나락으로 몰아갈 뿐 아니라, 사회 구조를 변화시키는 데도 전혀 도움이 되지 않는다.'

부정적인 고정 관념이 긍정적 변화의 원동력으로 작용하기 위해서는 먼저 자기 안에 내재되어 있는 긍정적인 면을 가늠하며 헤아릴 줄 알아야 한다. 자신에 대한 부정적인 생각은 비관적인 감정과 행동을 창출해 낸다. 가령 '나는 제대로 할 수 있는 게 아무것도 없어' 라고 생각해 보라. 이 생각은 곧바로 '내가 생각해도 나는 정말 한심해' 라는 생각을 낳고 마침내 할 수 있는 일마저도 포기하게 만든다. 그러면서 자신에 대한 실망과 우울·분노를 느끼게 된다. 그리고 이런 감정은 원래의 부정적인 자신을 입증하는 결과물로 채택된다. 그래서 '그것 봐. 나는 역시 쓸모없는 인간이야' 라는 결론을 내린다.

많은 사람들은 무언가 잘못되었을 때 당사자를 나무랄 수 없다면 본인이 질책을 받아야 한다고 생각한다. 그러나 그것은 잘못된 생각이다. 우리가 남을 용서하는 것도 중요하지만 그보다 먼저 자신을 용서해야 한다. 그것은 스스로에게 만족하고 마음에 여유가 있어야 남도 너그럽게 대할 수 있기 때문이다. 가끔은 잘못된 결정을 내릴 수 있고, 어떤 목적을 향해 최선을 다 해도 실패할 때가 있다. 이것이 자연스러운 인생이다.

어제의 일 때문에 자신을 학대하거나 괴로워하지 말라. 중요한 것은 지난 일을 돌이켜 생각하고 내일을 계획하며 오늘 할 일을 찾는 것이다. 할 수 없었던 것들에 대한 후회보다는 이루려고 하는 대상을 점검하고 자기 안에 감추어져 있는 할 수 있는 것들을 찾는 것이 소중하다. 자신에 대한 부정적인 생각을 단호히 잘라 버리고 긍정적인 생각들을 선택하라. 우리의 동의 없이는 그 누구도 자신에게 열등 의식을 느끼게 할 수 없다.

'출세를 하려면 나는 성공할 수 있다고 선언하라. 자신에 대한 부

정적인 이미지를 긍정적으로 바꾸는 것이 성공 가능성을 실현시키는 방법이다.'

부정적인 생각에서 벗어날 수 있는 방법은,

첫째, 자신에 대한 질문 방식을 바꾸어라.

'나는 도대체 왜 이럴까, 나는 왜 일 처리를 야무지게 못하지' 라고 질책해 왔다면 '어떻게 하면 잘 할 수 있을까, 내가 남보다 우수한 점은 뭐지?' 라고 질문해 보라. 그렇게 하면 우리의 마음은 스스로의 해답을 찾아낼 것이다.

둘째, 적극적이고 긍정적으로 생각하라.

처음부터 무리라고 단정하고 할 수 없는 까닭을 궁리하면 아무것도 할 수 없다. 모든 일에서 언제나 할 수 있다는 마음으로 그 이유를 찾아내고 그 방법을 생각하라. 무언가를 성취한 사람들은 할 수 없는 것보다 할 수 있는 것들을 생각하며, 단점보다 강점에 치중한다.

셋째, 자신을 보는 시각을 달리하라.

내가 그러했으므로 미래도 그럴 것이라는 편견을 버려라. 자신에 대한 시각을 바꿔 괄목할 만한 자기의 미래를 머릿속에 그려 넣어라. 성격적인 결함도 마찬가지이다. 실천력이 어떻고 의지력이 어떻다고 말들 하지만 그것은 지극히 주관적인 진단에 지나지 않는다. 어차피 주관적으로 진단하려면 밝고 건강하게 자신을 판단하라. 스스로 좀더 크게 뻗어나갈 수 있도록 보는 각도를 달리하여 창조적으로 이끄는 것이 바람직하다.

우리를 궁지에 몰아넣을 수 있는 사람도, 거기에서 구원해 줄 사람도 자신이다. 따라서 주변의 모든 사람이 한심하게 생각하더라도 자신을 믿고 격려하면서 앞만 보고 나아가는 것이 성공의 비결이다.

한 분야의 전문가가 되어라

서민 경제의 불황기인 요즘 실업자는 넘쳐흐른다. 현재의 위치에서 한 걸음 더 나아가지 못하면 뒤로 밀려날 수밖에 없다. 지금의 직장에서 승승장구한다고 해도 언제 잘릴지 모를 적자생존의 정글에 몸을 의탁하고 있는 것이다.

'이런 시대에 무엇보다 중요한 것은, 기업이 필요 없는 부분을 없애고 강점 중심으로 구조 조정을 하듯이, 우리도 구조 조정을 하는 것이다. 워크아웃은 기업만 하는 게 아니라 이제 개인도 구조 조정을 할 시기가 왔다.'

전문성 확보를 위해서 강점은 더욱 살리고 단점을 없애는 구조 조정을 할 필요가 있다. 우리가 잘 할 수 있는 분야를 특화시켜 자신의 가치를 확대하는 전략을 짜는 것이다. 별로 자신이 없거나 장점으로 두드러지지 않는 부분에 대한 투자는 과감히 정리하고, 그 대신 역량을 강점 위주로 재편성하는 것이 핵심이다.

한편에서는 구조 조정이다 뭐다 시끄럽지만, 다른 한편에서는 쓸 만한 전문가를 찾지 못해 애태우는 곳도 많다. 일시적인 사회 현상에서 중심을 잃고 흔들리기보다는 전문 역량 확보에 힘을 쓴다면 일자리가 없어 고민하지는 않을 것이다. 지금도 늦지 않았다. 성공하는 사회인이 되기 위해서 부단한 노력을 기울인다면 결코 좌절하는 일은 없다.

직장에서 성공하려면 어떻게 해야 할까. 전문성 확보가 관건이다. 숨막히는 조직 경영의 틈바구니에서 누구보다 답답한 입장에 있는 봉급 생활자에게 주어진 최우선 과제는 독보적인 전문성을 확보하는 일이다. 일단 전문성을 보유하면 설령 회사가 결딴이 나는 일이 생겨도 다른 일터를 얻기도 수월하고, 오히려 자신의 값어치를 높이는 계기가 될 수도 있다.

전문성 확보를 위해서는 끊임없는 자기 계발과 재충전의 기회를 만들어야 한다. 주어진 일에만 수동적으로 움직여서는 전문성을 확보할 수 없다. 이것저것 조금씩 장점이 있는 박식한 직원보다는 한 분야에서 누구도 따라오지 못할 독보적인 영역이 있는 사람이 필요한 시대가 온 것이다. 이러한 시대적이고 조직적인 요청에 부응하기 위해서는 개인의 발전과 혁신이 곧 조직의 발전과 혁신으로 이어진다는 것을 인지하고 자신의 분야에서 최고의 전문가가 되겠다는 각오로써 최선을 다 하라.

'전문성 확보라는 목표가 세워졌다면 다음은 이를 구체화하고 실천하라. 방법은 사내 외적으로 공통 관심사를 가지고 있는 사람들과 정보를 교류하고 인맥을 형성하는 방법이다.'

전문가가 되기 위해서는 평소에 자신의 가치가 얼마나 되는지 알기 위해서도 회사 안팎의 동료들과 학습 토론회를 만들어 두는 것이 좋다. 이런 활동을 하면서 틈틈이 전문 서적과 관련 잡지 등을 읽고 꾸준히 그 분야의 동향을 살펴라. 그리고 국제화 시대에 직면한 지금 선진국에서 자신의 분야와 관련된 최신 정보를 얻기 위해서도 외국어는 반드시 할 줄 알아야 한다.

이렇듯 어느 분야에서 폭넓은 지식을 가진 전문가는 개인의 자발성을 중시하며, 나의 존중이 곧 회사의 발전이라고 생각한다. 이는 회사를 위해서이기보다는 자신의 경력을 쌓기 위해서 일한다는 능동적이고 적극적인 사고를 갖고 있다는 의미이다. 그리고 스스로를 경영자로 규정하고 언제든지 당당하게 회사를 그만둘 수 있다는 생각을 가지고 있다.

그렇다면 한 분야에서 최고의 전문가라는 소리를 들을 수 있을 정도로 노력하려면 어떻게 해야 하는가.

첫째, 변화는 이제 생존의 문제이다.

자신의 적성과 자질을 분석하고 잘 할 수 있는 분야를 살려 실력을 쌓으라.

둘째, 6개월에 한 번씩 자신의 이력을 점검하라.

그 동안 일구었던 업적과 앞으로 해야 할 사항들을 정리하여 자기 계발 계획표를 만들어라.

셋째, 실력이 최고의 무기이다.

전문 교육을 통한 지속적인 실력 쌓기와 다양한 인맥을 형성하는 데 노력을 기울이라.

지금 우리에게 필요한 것은 자신을 한번 되돌아본 후 다시 시작할 수 있는 용기이다. '준비된 자만이 최후에 웃을 수 있다.' 짤막한 말이지만 이 시대를 살아가는 사회인들의 가슴 속에 새겨둬야 할 중요하고도 기본적인 문구이다.

새로운 아이디어를 창출하라

세계가 하나의 공동체가 되어 사회 규모가 넓어지고 시장이 무한하게 확대되면서 치열한 경쟁이 존재하는 상황에서는 아이디어만큼 긴요한 것이 없다. 각 대기업들이 젊은 사원들로 구성된 신세대팀을 만들거나 사내에 아이디어 뱅크를 운영하는 것도 따지고 보면 이런 아이디어를 효과적으로 창출하기 위한 장치이다.

'자본주의 시장 경제에는 주인 없는 돈들이 도처에 산재해 있다고 해도 과언이 아니다. 문제는 누가, 어떻게, 무슨 방법으로 그 돈을 거머쥐는가이다. 아이디어가 필요한 것은 바로 이런 시점이고, 진전되면 아이디어는 곧 돈과 연결이 된다.'

그러나 단순한 아이디어로는 널려진 돈을 줍지 못한다. 아이디어를 받쳐주는 여러 가변적인 요인들이 있는 것이다. 타이밍도 맞아야 하고, 생산 자금도 있어야 할 것이며, 시장의 수준성도 크게 작용한다. 창의적인 아이템으로 특허를 획득한 발명가들이 번번이 실패하는 것도 이러한 변수들을 낱낱이 헤아려 참고하지 않았기 때문이다.

사업을 하는 데 있어 아이디어는 한 기업의 성패를 좌우지하기도 한다. 세계적 기업인 페더럴 익스프레스의 창업자인 스미스는 대학에 다닐 때 야간 배달이라는 리포트를 교수에게 제출했다가 꾸지람을 듣는 수모를 겪었다. 아마도 그 교수는 말도 안 되는 소리라고 생각했을 것이다. 그러나 스미스는 십년 후 그 리포트에 기재된 내용을 구체화시켜 특급 화물 수송업계의 유력한 경쟁 상대로 부상했다. 마이크로소프트의 빌 게이츠 회장은 회사 연구소의 벽면에 '문제는 해결이 되면 간단한 것'이라는 표어를 걸어 놓았다고 한다.

그렇다. 문제는 해결이 나면 콜럼버스의 달걀처럼 간단하다. 그러나 누가 먼저 그런 발상을 하느냐가 관건이다.

사업적인 아이디어의 구상은 새로운 것의 착안도 중요하지만 소규모의 창업이나 전업을 계획하고 있다면 기존의 환경에서도 단서를 찾을 수 있다. 물론 사물을 대하는 시각이 남들과 달라야 한다는 것이 그 전제 조건이다. 이렇듯 아이디어는 기존 관념을 무너뜨리는 데서 시작하며, 알고보면 단순하다. 그러나 시작은 보잘것없지만 끝은 위대하리라는 결과를 얻을 수 있는 것이 아이디어의 산물이다.

'오늘날의 세상은 창의적인 사람들에게 많은 기회를 제공하고 있다. 성공을 위해서는 자신을 어느 누구와도 바꿀 수 없는 인적 자원으로 만들어야 한다. 곧 창조적인 인간이 되는 것이다.'

성공 가능성이 높은 사람은 그저 지식이 풍부한 사람을 의미하는 것이 아니고, 그 지식을 상황에 알맞게 창조적으로 활용해서 생산성을 극대화할 수 있는 사람이다. 어느 분야에서든지 남들이 생각해 내지 못한 것을 발견하면 부와 명예는 절로 따라온다.

그러기 위해서는 창의성을 개발하는 실제적인 훈련이 필요하다. 예를 들면,

첫째, 원래의 사물을 다른 곳에 응용하고 활용할 수는 없을까.

둘째, 각각의 물건이나 재료들을 어떻게 결합하여 사용할 수는 없을까.

셋째, 맛·색·향기를 대체하거나 모양을 바꾸면 어떨까.

등이다. 이러한 문제들을 떠올리면서 세심하게 질문을 던져 보고 새로운 아이디를 구상하는 것이다.

성공하는 사람들은 보통 사람과는 다른 시각으로 세상을 바라보고, 분석하며, 행동한다. 이것이 바로 문제 해결의 탁월성이며 창의적인 능력이다.

무언가를 간절히 원하면서도 아예 시도조차 하지 않는 까닭은 왜일까? 그것은 자신의 한계를 정해 놓고 사는 게 편할 수도 있다고 생각하기 때문이다. 인간은 제 분수에 맞게 살아야 한다는 말이 있다. 불가능한 일은 일찌감치 단념하고 분수에 넘치는 일은 생각도 하지 말라는 얘기이다. 많은 사람들이 자진해서 가능성에 대해 금을 긋고 꿈을 갖는 것 자체를 포기한다. '분수에 넘치는 꿈은 지혜로운 선택이 아니다' 라는 생각이 뿌리 깊이 박혀 있다.

그러나 우리는 자신의 분수를 키우려고 애쓰는 것이 더욱 현명한 삶인 것이다. 어떤 면에서 우리는 한계를 가지고 있다. 그렇다고 해서 올라가 보지도 않았으면서 오를 수 없다고 체념을 해서는 안 된

다. 그 무엇도 시도해 보지 않은 사람은 오를 수 없다고 말할 자격도 없다.

고집스럽고 끈질기게 물고 늘어져라

스스로 고생을 사서 하는 자세로 임하라. '고통은 즐거움의 씨앗이고, 즐거움은 고통의 시작'이라는 옛 격언이 있다. 고생으로 임하면 장래에 즐거움이 되는 씨앗을 뿌린 것과 같고, 반대로 즐거울 때에 장래를 대비하지 않으면 반드시 고난이 찾아온다는 의미이다.

젊은 시기에는 체력이 있고 변화에 대응하는 유연성도 있으므로 어떠한 곤경에 처해도 인내할 수 있다. 그러나 중년으로 넘어가면 육체적·정신적·두뇌적으로도 무디어져서 어려움과 변화에 대처하는 능력이 떨어진다. 따라서 무리를 해서라도 형세가 왕성한 젊은 때에 많은 경험을 쌓아 두는 게 좋다. 이는 우리의 장래와 연관이 있다. 힘든 일과 끈기가 요구되는 일, 못마땅하거나 불쾌한 일, 아직 경험하지 못한 업무 등을 적극적으로 체험해 볼 필요가 있다는 것이다.

특히 삼십대는 사회나 직장인으로서 기초를 확립하는 중대한 시기이다. 이 연대에 확실한 기반을 다지도록 노력하라. 회사는 나를 쥐꼬리만 한 봉급으로 부려먹고 있다는 자괴감과 돈을 벌기 위해

장시간 구속받는 것도 어쩔 수 없다는 비참한 사고 방식으로는 활기찬 인생을 열어갈 수 없다.

일은 자신의 성장을 위한 단련이다. 직장을 자기 계발의 장으로 삼아 업무에 적극적으로 부딪쳐서 몰두하라. 곧 일을 통하여 자신을 연마한다는 마음의 자세를 지녀라. 일에 대한 성취 의식은 이러한 자세에서 싹트고, 창의적인 연구와 일의 개선도 가능하며, 나아가 우리의 성장과 평가를 높이는 계기가 된다.

'집요하게 물고 늘어지는 자가 결국은 큰일을 이룩한다. 세상의 그 어떤 것도 강한 의지를 대신할 수 없다. 일은 지식과 기술·재능만으로는 부족하다. 머뭇거리며 망설이거나 단념하지 않고 끝까지 해 보는 끈기가 있어야 한다.'

직장이나 단체 같은 조직적인 환경에서의 업무는 우리의 의도만으로 될 수가 없다. 일은 주변의 평가 속에서 진행이 되는 것이며 자신 있게 제안한 계획이 채택되지 않는 경우도 있다. 그 경우, 떨어졌다고 생각하면 낙오자가 된다. 채택되지 않았다면 어째서 채택이 되지 못했는가를 숙고하라. 기획서 내용에 누락된 점은 없었는지, 상사를 설득하기에 불충분한 내용이었는지, 시기 상조였던 것은 아닌지 등 자신을 반성하는 것이다. 그리고 그 결과에 의거하여 그후의 대책을 강구해야 한다.

성공은 열정과 의지이며 끈기이다. 실제로 성공하지 못한 사람들이 공통적으로 가지고 있는 것이 바로 끈기 없는 실력이라고 한다. 끈기를 대신할 수 있는 것은 아무것도 없다. 교육과 재능으로도 그것을 대신하지 못한다. 성과 없는 천재성은 한낱 인간의 유희적 본능에 지나지 않는다. 오로지 끈기와 인내, 결단력만이 무소불위의 힘을 발휘한다.

성취는 대기층 위에 떠 있는 신기루가 아니고 계단식으로 한 걸음씩 올라가서 쟁취하는 것이다. 어느 순간까지는 더디고 힘겹게 느껴지지만, 그 순간을 이겨내면 비약적으로 성장하는 자신을 발견하게 된다.

성공은 어느 날 홀연히 나타나는 것이 아니다. 소중하다고 생각하는 원칙들을 끊임없이 반복하고 실천함으로써 이루어지는 것이다.

낱낱이 분석하라

우리가 하는 모든 일은 일정한 관계에 의해서 서로 연관이 되어 있다. 그리고 그와 관련된 어느 한 부분이 끊겨 나가면 목적한 바를 이룰 수 없다. 결과적으로 성공과 실패의 극명한 차이를 드러내는 것도 그 과정을 살펴보면 어처구니없는 사소한 일의 경우 때문이다. 따라서 운영하는 사업의 작은 일이라도 마지막까지 점검하고 최선을 다 해야 한다.

'기업들의 흥망성쇠를 지켜보면 어느 날 갑자기 내린 애매모호한 전략과 그에 따른 방향 선회에 의해서 회사의 존립이 결정지어진

예가 허다하다.'

사업은 회사의 생존과 멸망을 좌우하는 대단한 책략에서부터 아주 미세한 영역에 이르기까지 수많은 의사 결정의 연속이다. 그리고 그 의사 결정을 얼마나 치밀하고 올바르게 수행했는가에 따라서 결과가 나오는 한판의 승부이다. 이끗에 밝은 경영자는 바로 그 의사 결정과 실행에서 남다른 치밀함을 보여 주는 사람들이다. 이들은 대충 뭉쳐서 '이만하면 되겠지……' 라는 안일한 기준으로 판단하지 않는다. 밑바닥까지 투철하게 진위를 파악하고 그 문제의 안건을 다시 영역별로 분류하여 치밀하게 분석한다.

물론 경영자는 모든 통계와 사실을 뛰어넘는 직관과 사물의 본질을 꿰뚫어보는 식견을 가지고 새로운 분야를 개척할 때도 있다. 그러나 느낌이나 안목으로 사안을 결정하는 것과 실체를 정확하게 파악한 후에 결정하는 것은 분명한 차이가 있다.

문제 의식을 가지고 낱낱이 분석하라. 대부분의 집단에서는 의사 결정을 내리기 전 어떤 형태로든 정보를 수집한다. 그것이 관찰이나 실험·조사로써 얻은 자료이든, 경험자의 의견이든.

그런데 과연 입수한 정보들이 모두 사실인 것인가, 만약 그것이 왜곡된 것이거나 누군가의 취향에 의해서 한번 걸러진 정보이면 어떻게 할 것인가, 그것을 얼마만큼 신뢰하고 어떠한 방법으로 진위를 규명할 것이며, 어디에 근거를 두고 결정을 내릴 것인가. 이것은 아주 중대하고 절실한 문제이다.

'정보가 활용된다고 하는 것은 그 정보에 입각하여 일정한 사고

과정을 거친 뒤 어떠한 형태로든 의사 결정이 행해지고, 그것이 곧 바로 행동으로 반영된다는 의미이다.'

따라서 그 목표를 성취하기 위한 정보는 살아 있는 자료를 토대로 새로운 발상이 진행되고, 그 발상이 기업 내에서 활용하기에 적합한지의 여부와 입수된 정보가 바르게 채택되고 선별되었는지를 판단하는 것이다. 그러므로 정보를 발견하고 수집하여 올바른 가공을 거쳐 유효 적절히 활용하는 방법은 다음과 같은 과정이 필요하다.

첫째, 폭넓은 시야를 가져라.

여러 방면의 채널을 통하여 수집하는 것이 정보의 왜곡을 막을 수 있다.

둘째, 그 정보의 진위를 규명하라.

정보 제공자가 어떤 편견을 가진 사람은 아닌지, 그 분야의 전문 지식을 갖춘 사람인지, 이번 결정에 어떠한 영향을 미치려는 것은 아닌지 등을 면밀하게 살펴라. 또 정보 제공자의 성품도 정보의 향방에 영향을 끼칠 수 있으므로 이에 대해서도 충분히 생각하고 헤아려 보라.

셋째, 정보 분석을 하는 자신의 시각을 검증하라.

정보를 취할 때 편향성은 없는 것인지, 예를 들면 자신의 편견과 익숙한 것을 따르고, 맨 처음에 접한 정보에 비중을 두거나 이미 폐기 처분된 정보에 얽매이는 편협된 사고 등 무의식적으로 자신이 원하는 정보만을 취하고 있는 것은 아닌지 낱낱이 점검하라.

'제대로 된 의사 결정을 하려면 진실을 보는 마음의 눈이 필요하다. 혹시 현실과 너무 동떨어져 있어 문제를 바르게 파악할 수 없

는 것은 아닌지, 문제의 한쪽 면만을 바라보고 있는 것은 아닌지, 문제를 잘못 인식하고 있는 것은 아닌지, 아니면 문제를 해결해야 한다는 강박관념에 사로잡혀 당초의 목적을 잊고 있는 것은 아닌지 두루 헤아려야 한다.'

한편으로는 소심하고 복잡해 보일 수도 있지만 이런 치밀함과 끈질긴 노력이 전제됨으로써 잘못된 의사 결정으로 인해 비롯되는 모든 위험을 예방할 수 있다.

오랫동안 경험을 쌓은 노련한 경영인들은 관련된 문제들을 통합적으로 유추 해석하면서도 분야별로 짤막하게 나누어 분석한다. 비록 논리적인 형식을 갖추지 않았을 뿐이지 문제의 해결 능력이 습관처럼 몸에 배어 있다. 문제를 전체적으로 볼 때에는 막연하게 보이던 것도 영역별로 세분화하여 관찰하면 상황을 개선시킬 묘책이 나온다.

예를 들어, 유통업체의 경우에는 상품의 입고·품목·매장 관리·고객·판매·납품·운송 등에 이르기까지의 전 과정을 전략적으로 분류해서 정리하면 전체적으로 봤을 때 보이지 않는 부분까지 훤히 내다볼 수 있다.

사업 운용의 장치를 제대로 해 놓지 않고서 '이만하면 괜찮겠지'라고 안도하는 사람들, 할 만큼 했는데도 사업이 안 되는 것은 순전히 불경기 탓이라고 둘러대는 사람들, 이들을 진정 경영인이라고 할 수 있을 것인지. 결국 사소한 것이 현격한 차이를 만들어 낸다.

웃어라

"두려움·불안감·외로움을 떨쳐 버리기 위해서 억지로라도 웃을 수밖에 없었다."

문화대혁명 시절 고향에 칩거하던 중국의 등소평 전 주석이 한 말이다. 웃음은 삶을 영위하는 데 가장 소용되는 요소이다. 친밀성을 유도하는 웃음은 그 사람의 이미지와 삶을 바꿔 놓을 수 있다. 우리는 상대에게 호의를 보이고 싶을 때 부드럽게 미소 짓는 표정을 하고, 심각한 장면에 대처할 때는 고뇌스럽고 까다로운 표정을 취한다. 딱딱하고 신경질적인 얼굴이나 마음이 불안한 사람은 역시 초조하게 보인다. 이렇듯 표정은 마음의 거울이다.

"웃음은 말보다 설득력이 있는 웅변이다. 그리고 웃음은 우리에게 이렇게 전하고 있다. '나는 당신을 좋아합니다. 나는 당신을 사랑하기 때문에 당신을 만나는 것이 무엇보다도 즐겁습니다.'"

강아지가 사람들에게 귀여움을 받는 이유도 바로 여기에 있다. 주인을 보는 순간 깡쭝 뛰어오르며 몹시 반가워하는 모습에 우리도 자연스럽게 강아지를 예뻐한다. 그러나 마음에도 없는 거짓 웃음으로는 상대방을 움직일 수 없다. 그처럼 도식적인 웃음은 오히려 상대를 불쾌하게 만든다.

그렇다면 평소에도 웃음을 보이지 않는 사람은 어떻게 하면 좋을까. 우선 억지로라도 웃어 보라. 홀로 있을 때에는 예전의 즐거웠던 기억들을 떠올리면서 자신이 좋아하는 음악을 듣거나 콧노래를 불러 한껏 흥을 돋우고 자신이 행복하다는 기분으로 행동하라. 그러면 정말로 행복한 기분이 드는데, 이것은 매우 신비스러운 일이 아닐 수 없다.

사람의 행동은 감정에 의해서 변화하는 것처럼 보이지만 실은 행동과 감정이 함께 움직인다. 그러나 행동은 자신의 의지에 따라서 통제가 가능하지만 감정은 그렇지 못하다. 감정은 행동을 조절함으로써 간접적으로 제어할 수밖에 없다. 따라서 마음이 울적하고 답답하여 기분 전환이 필요할 때 일부러 명랑하고 유쾌한 척 행동을 하면 신기할 정도로 쾌활함을 찾을 수 있는 것이다.

인간들은 누구나 행복해지기를 원한다. 그러나 세상에서 행복을 얻는 방법은 단 한 가지밖에 없다. 그것은 마음에 절로 느껴지는 감정을 조절하는 힘을 기르는 방법이다. 왜 그런가 하면, 행복은 외적인 조건에 의해서 얻어지는 것이 아니고 곧 자신의 마음가짐에 따라서 취할 수 있기 때문이다. 행복과 불행은 그 사람의 재산이나 지위에 의해 결정되는 것은 결코 아니다. 우리가 무엇을 어떻게 생각하고 있는가의 사고 방식에 따라서 행복과 불행의 양극으로 나누어진다.

'인상은 성품에 의해 변화한다. 가령 신경질적인 사람은 신경질적인 면이 얼굴에 그대로 나타나고, 만사 여유로운 사람은 얼굴 표정도 여유롭게 나타난다. 사람의 운명도 이에 편승하여 오랫동안 가난에 찌들거나 불행·재난 등의 고통이 지속되면 자신도 모르는 사이에 얼굴은 빈상으로 변하는 것이므로 평상시 인상을 좋게 가질

수 있도록 노력하다 보면 행운은 저절로 찾아온다.'

눈을 부릅뜨고 어금니를 꽉 깨물어 성난 표정을 자주 하는 사람은 결국 그 표정이 고정되어 눈에 가시가 돋는다. 어려서 불행하게 자란 사람에게 이런 현상이 엿보이는데, 남에게 호감을 주지 못하고, 음울하고 성격이 삐뚤어진 사람으로 오해받기 십상이므로 자신이 이런 인상이라면 즉시 개선하라.

우는 상을 짓지 말라. 줄곧 슬퍼만 하고 있는 사람은 표정이 어두워져서 상대에게 좋은 인상을 주지 못한다. 아무리 미인이라도 미인으로 보이지 않을 것이고, 남자라도 최하의 인상이 된다. 그러므로 될 수 있는 한 즐거운 표정을 지어야 하겠다. 이것이 우리의 인상을 좋은 상으로 이끌어 호감을 주는 상으로 변환하게 할 것이다. 인간들의 삶은 독불장군은 없고 반드시 타인의 도움이 필요하다. 그때 우리에게 귀인을 불러들이는 요소가 명랑하고 활기찬 웃음이 깃든 얼굴이다.

마음의 움직임을 전혀 내보이지 않는 경우가 있다. 즉, 포커페이스Poker face이다. 이런 표정은 곧 버릇이 되어 고정이 되는데, 오히려 화난 표정이나 우는 표정보다도 좋지 않은 아주 고약한 인상이다. 만약 이런 인상의 소유자를 만나면 깊은 교제는 삼가라. 까닭은 자신에 이익이 없다면 태연하게 가차 없이 잘라내는 인상의 얼굴이기 때문이다.

운명이란 자신의 품성과 사회에 대하여 작용하는 진동이 역으로 자기에게 되돌아옴을 일컫는다. 운명의 파장은 결코 얼굴만이 아니다. 골격·음성·필적·걸음걸이·체취·표정 등에서도 적출할 수가 있다. 표정의 예를 들면, 웃는 상은 항상 부드러운 얼굴로 덕이 스며 있어 친근감이 있는 상으로서 복덕·행운·진보·무병 장수 등의 명을 뜻하고, 우는 상, 슬픈 상, 악한 상, 추운 상은 불운·절명·병액·형벌·빈곤·실각·원망·기회 상실 등의 불길한 명을 의미한다.

예로부터 웃는 상을 복상 또는 귀상으로 규정하였으며, 고서에 이르기를 웃는 얼굴에 만복이 깃들고, 우는 얼굴에는 재앙이 스며든다고 하였다. 이렇듯 늘 자신의 행위, 곧 인품을 여유롭게 함으로써 불행을 행운으로 전환시킬 수 있다. 이 방법이 예전부터 상법에서 전해 내려오는 개운의 근본 원리이다.

성공하는 사람들의 행동

우리는 스스로 결단하고 행동했던 경험을 가지고 있지만 사람에 따라서 그 경험의 다소가 있다. 그런 경험이 많은 사람일수록 행동력이나 실천력을 발휘하는 데 어려움이 없을 것이다.

● 창조적으로 생활하라.

아무 일이든 항상 똑같은 사고 방식으로 처리하려는 경향이 있다. 그 일에 적당하지 않는 방법인데도 무비판적으로 하고 있는 것이다. 그 어떠한 경우에도 미래를 위한 건전한 계획을 세우고 실행하면 매우 값진 삶이 될 것이다.

● 사소한 것에 얽매이지 말라.

흔히 사소한 것을 마음에 두고 고민하는 이유는 사물을 유추할 때 시야를 너무 좁게 생각하기 때문이다. 이러할 때는 과감하게 한 발 물러나 전체적인 맥락을 보는 것이 해결책이다. 무슨 일이든 전체를 읽는 자세가 필요하다.

● 결단을 하면 반드시 실행에 옮겨라.

이것을 할까, 저것을 할까 망설이다가는 결국 행동해야 할 시기를 놓치고 만다. 실패를 두려워하는 조심성도 좋지만 그것이 지나치면 아무것도 할 수 없다. 넘쳐흐르는 실행력이 성공의 첩경이다.

- 위기를 기회로 바꿔라.

위기에 봉착했다고 해서 당황하거나 도망갈 궁리만 해서는 안 된다. 위기는 어떤 의미에서는 새로운 기틀을 마련할 수 있는 중요한 기회가 될 수 있다. 따라서 위기를 기회로 역전시키려는 마음의 자세가 소용된다.

- 냉철하게 판단하라.

무슨 일을 진행함에 있어 절실히 요구되는 것도 올바른 판단력이다. 특히 성공하는 사람들은 위기에 직면하면 할수록 냉철한 판단에 기초하여 행동을 취한다. 결단코 될 대로 되라는 자포자기 행동을 취하지 않는다.

- 적극적으로 행동하라.

적극적으로 추진하다 보면 예상하지 않았던 기발한 아이디어가 떠오르게 마련이며, 좀더 열심히 해야겠다는 의욕도 생긴다. 적극적인 태도는 자신의 인생살이에 희망과 발전을 가져다주는 최선의 타개책이다.

- 기록하는 사람만이 살아남는다.

하고 싶은 일이나 중요하다고 생각되는 아이템 등은 잊지 말고 메모하는 습관을 들이라. 무언가를 기록한다는 것은 자신의 강한 의지의 표현이고, 시들지 않는 대화의 소재이며, 정신을 집중시키기 위한 최고의 방법이다.

● 스스로 기회를 만들어라.

상황이 조성되지 않았으면 직접 상황을 만들어라. 기회는 사람을 기다리지 않는다. 기회가 찾아와도 준비되어 있지 않으면 만날 수 없다. 기회를 만드는 데 필요한 요소는 분명한 목적 의식이다. 끊임없이 목표를 성취하기 위해 여러 수단과 방법을 도출하여 기회를 창출하라.

● 과도한 욕심은 큰 실패를 부른다.

인간에게는 자신이 해낼 수 있는 능력의 한계가 있다. 이를 무시하고 허세나 과도한 욕심만으로 밀어붙인다면 무참하게 깨질 것이다. 자신에 대해 냉정하게 파악하고 분석한 다음 실현 가능한 목표를 세워 꾸준히 도전하라.

● 모순에 연연하지 말라.

인간의 모든 생산적인 행동에는 어느 정도의 부정적인 요소가 따르게 마련이다. 그 모순을 거부하고 완전 무결하게 하려고 한다면 인간은 생존의 기초를 잃는다. 따라서 모순을 두려워하지 않는 적당한 타협의 여지도 남겨 놓아야 보다 큰 인간으로 성장할 수 있다.

● 쉴 때는 철저하게 쉬어라.

인간의 몸과 마음·뇌 기능도 때로는 쉬어야 제 기능을 발휘한다. 쉬지 않고 늘 제 몸을 혹사시키는 사람은 그 무엇도 이룰 수 없다. 최고의 집중력을 장시간 유지하기 위해서는 긴장을 완전히 풀고 휴식을 취할 수 있는 자신만의 여유 시간을 꼭 갖도록 하라.

이 세상의 모든 인간들은 때가 되면 반드시 돌아간다. 이것은 만고불변의 진리이다. 그렇다면 우리는 어떻게 살아가야 하는가. 언젠가는 죽을 목숨이니까 그저 되는 대로 살다가 죽겠다는 사람이 있는가 하면, 매사에 최선의 노력을 기울이고 그 곳에서 즐거움을 찾으려는 사람도 있다. 어떠한 삶이 바람직한 태도일까. 아마도 온전한 사람이라면 후자라고 답변할 것이다.

즐거운 일이라고 해서 매일 흥청망청 놀고 마시며 쾌락만을 추구한다면 어떨까. 과연 그렇게 살다가 돌아갈 때 즐거운 인생을 살았다고 자신 있게 말할 수 있을까. 대답은 물론 그렇지 않다.

누구든지 일을 좋아하는 사람은 없다. 그러나 어쩔 수 없이 하는 일이라도 그 일을 기쁘게 마무리하는 것이 곧 인생을 즐겁게 사는 방법이다. 우리는 그런 어려운 일을 해냈을 때 보람과 성취를 맛보게 되고 그에 따른 윤택함도 얻는다. 그렇다고 해서 항상 열심히 일해야 하고 언제나 힘든 일에만 매달려야 하는 것은 결코 아니다. 놀 때는 놀고 즐길 때는 즐기면서 일을 사랑하라는 것이다. 그러할 때 우리의 삶은 더욱 넉넉해지고 한결 풍요로워진다.

인 지

백100퍼센트 성공하는 방법

1판 1쇄 발행 2015년 11월 04일
1판 2쇄 인쇄 2016년 03월 10일
1판 2쇄 발행 2016년 03월 20일

지 은 이 청암 곽동훈
감 수 강경옥
편집주간 장상태
책임편집 김원석
디 자 인 정은영

펴낸이 김영길
펴낸곳 도서출판 선영사
주 소 서울시 마포구 서교동 485-14 영진상가 지층
TEL (02)338-8231~2 **FAX** (02)338-8233
E-mail sunyoungsa@hanmail.net

등 록 1983년 6월 29일 (제02-01-51호)

ISBN 978-89-7558-046-8 03190